Festgabe

für

Hermann Hüffer.

Das Recht

des

Bürgerlichen Gesetzbuches

vom 18. August 1896.

Ein dogmatisches Lehrbuch

von

Dr. Ernst Landsberg
ordentl. Professor der Rechte zu Bonn.

Berlin 1903.
J. Guttentag, Verlagsbuchhandlung,
G. m. b. H.

Herrn Hermann Hüffer,

ord. Professor der Rechte an der Universität zu Bonn,
Königl. Preußischem Geheimen Justizrat,

zur Feier des Tages,

an welchem er

vor fünfzig Jahren
die Würde eines Doktors beider Rechte

erlangt hat, glückwünschend dargebracht von der

Juristischen Fakultät der
Rheinischen Friedrich Wilhelms-Universität
zu Bonn

am 17. August 1903.

Erstes Buch.

Allgemeiner Teil.*)

Erster Abschnitt.

Das Recht im objektiven Sinne.**)

I. Das Recht.

§ 1.

I. Das Recht (im objektiven Sinne) bemüht sich um die Ordnung der äußeren Angelegenheiten der Menschen untereinander.

1. Es will die äußeren Angelegenheiten ordnen, Ordnung schaffen in diesem äußerlichen Sinne; den Gegensatz bilden religiöse und ethische Ordnungen.

2. Es will die äußeren Angelegenheiten der Menschen ordnen, d. h. die Angelegenheiten der einzelnen Menschen und der Menschen-Verbände, kleiner und großer, von der Familie bis zu Kirche und Staat. Denn auch bei diesen größten Verbänden ist Gegenstand der äußeren Ordnung menschliches Verhalten. Soweit Staat und Kirche

*) Ernst Immanuel Bekker, System des heutigen Pandektenrechts, 2 Bde. — Hellmann, Vorträge. — Eck, Vorträge, fortges. v. R. Leonhard. — Gareis, Der allg. T. des BGB. — Leonhard, R., Der allg. T. des BGB. in seinem Einfluß auf die Fortentwicklung der Rechtswissenschaft. — Zitelmann, Das Recht des BGB., System zum Selbststudium und zum Gebrauche bei Vorträgen, bisher erst erschienen der allg. T.

**) Gewaltige, philosophische und juristische Literatur. S. etwa besonders: Bierling, Zur Kritik der juristischen Grundbegriffe. — Thon, Rechtsnorm und subjektives Recht. — Bierling, Juristische Prinzipienlehre. — Windscheid-Kipp, Pandekten, 1, 59 fg. und 130 fg. — Jhering, Geist des Römischen Rechts, 3, 160 fg.; Zweck im Recht, 1, 443 fg. 2, 188 fg.; i. den dogm. Jahrbüchern 32, 65 fg.

über den Menschen hinaus reichen, entziehen sie sich der rechtlichen Regelung.

3. Das Recht will aber nur ordnen diese äußeren Angelegenheiten der Menschen untereinander — nicht im Verhältnisse der Menschen zu anderen Lebewesen, erst recht nicht im Verhältnisse der Menschen zu der Natur. Es gibt kein Recht der Tiere, weder aktiv (Tierschutz), noch passiv (Strafprozesse gegen Tiere in alten Zeiten!). Es gibt aber auch kein Recht des Menschen gegen die Natur[1]), keine Rechtsregel, die den Eigentümer eines Grundstückes vor Überschwemmung schützt oder bei der Bebauung unterstützt. Wohl mag es Rechtsregeln geben, welche den Staat oder einen Einzelnen verpflichten, dem Eigentümer zu derartigen Zwecken beizustehen (Staatshilfe bei Notstand — Arbeit auf fremdem Grund und Boden im Tagelohn); immer aber beziehen sich dann diese Rechtsregeln nur auf das Verhältnis zwischen Unterstützer und Unterstütztem, nie auf das Verhältnis zwischen Mensch und Sache.

4. Endlich ein Wort der Bescheidenheit. Das Recht ordnet nicht jene Verhältnisse, sondern es möchte sie bloß ordnen. Ganz gelingt dies nie. Schön schon, wenn es heute besser gelingt, als es gestern gelungen ist. Das Streben jedes wahrhaft „Rechtsbeflissenen" geht dahin, daß es morgen etwas besser gelingen möge, als es heute gelang.

II. Die Unmöglichkeit vollständiger Rechtsverwirklichung beruht auf der Unzulänglichkeit unserer Mittel. Da das Recht von Menschen ausgehend an Menschen sich wendet, so stehen ihm nur diejenigen Mittel zu Gebote, durch die überhaupt Menschen aufeinander einwirken können: psychische und physische.

1. Freiwilliger Gehorsam, beruhend seinerseits wieder auf freiwilliger Unterwürfigkeit und auf Gewohnheit, ist die wirksamste Triebfeder der Rechtsverwirklichung. Deshalb redet das Recht zu den Menschen in Form von Befehlen, nicht von Ratschlägen. Deshalb muß das Ansehen dieser Rechtsbefehle möglichst gewahrt und gesteigert werden. — Hinzu kommen andere Antriebe: Furcht vor üblen Folgen des Ungehorsams; blinder Autoritätsglaube; klare Einsicht in den Nutzen des Gehorsams, zu egoistischen oder zu höheren

[1]) Daran ist festzuhalten trotz der geistreichen Ausführungen bei Löffler, Unrecht und Notwehr, i. d. Zeitschr. für gesamte Strafrechtswissenschaft 21, 1 fg., namentlich S. 21 Note 44 oder S. 28.

Zwecken. In der unendlich überwiegenden Zahl von Fällen, bei jeder Lebensbetätigung anständiger Menschen sowie redlich verwalteter Gemeinschaften, sind es solche Einflüsse, infolge derer die rechtliche Ordnung sich erhält. Nähmen in einem Gemeinwesen die Anzahl der Fälle überhand, wo diese Mittel nicht mehr genügen, so wäre es um die Rechtsordnung innerhalb dieses Gemeinwesens getan. Die Erfahrung beweist aber, daß es so weit nie, oder doch nur ganz vorübergehend in schlimmsten Zeitläuften, kommt. Deshalb kann zur Not ein Recht bestehen, gestützt lediglich auf diese inneren Triebfedern des Gehorsams (das Völkerrecht; gewisse Teile des Staatsrechts); ohne solche Triebfedern, etwa bloß gestützt auf rohe Gewalt, dagegen nicht.

2. Äußerer Zwang ist dasjenige Mittel der Rechtsverwirklichung, das bei oberflächlicher Betrachtung oft einzig ins Auge gefaßt wird. Dieser Zwang aber muß selbst wieder ein rechtlicher sein. Als solcher erscheint er uns auf unserer Stufe der Gesittung nur, wenn geübt durch den Staat in festen (rechtlichen) Formen, als sogenannte Zwangsvollstreckung. — Zu diesem Mittel greift das Recht nur ungern vorbeugend; sondern meist erst, wenn die Hoffnung auf freiwilligen Gehorsam sich als trügerisch erwiesen hat, nach eingetretener Rechtsverletzung zu deren Wiederausgleichung. Feststellung der eingetretenen Rechtsverletzung mag allenfalls durch andere als staatliche Organe (Schiedsgerichte) erfolgen; dem Staate allein gebührt die Anwendung des Zwanges.

3. Wo die Beteiligten erwarten, daß bei Rechtsverletzung äußerer Zwang entgegentreten würde, da wirkt offenbar diese Erwartung wieder als geistige Triebfeder zum Gehorsam, ehe es noch zum Zwang kommt; und erst recht wirken so andere Fälle tatsächlicher Zwangsvollstreckung als abschreckende Beispiele. Gewiß trägt dies wesentlich zum Ansehen des Rechts bei. Jedoch wäre es ein schwerer Irrtum, dieses Ansehen bloß auf die zum Zwange erforderlichen Machtverhältnisse stützen zu wollen. Das Machtgebot des Führers einer verheerend eingebrochenen Barbarenhorde genießt nicht Rechtsansehen, ist nicht Recht, obschon es äußere Verhältnisse der Menschen untereinander betrifft und beherrscht. Es ordnet an, aber es ordnet nicht; es besteht, aber es gilt nicht als Rechtssatz.

II. Das deutsche Recht der Gegenwart.

§ 2.

Ein Recht gilt, das heißt es macht das Ansehen seiner Befehle gewissen Menschen gegenüber geltend. „Geltendes Recht" ist dasjenige, das an einem bestimmten Orte zu einer bestimmten Zeit gilt; für uns dasjenige, das jetzt und hier gilt.

1. Der Raum, innerhalb dessen ein gewisses Recht gilt, ist bei unseren Verhältnissen stets ein staatlich abgegrenztes Gebiet, entweder der ganze Staat oder ein Teil desselben. „Deutsches Recht" ist alles Recht, das innerhalb Deutschlands[1]) gilt, wenn auch bloß innerhalb einzelner Staaten oder Staatenteile des Deutschen Reichs. „Gemeinsames Deutsches Recht" ist dasjenige, das in ganz Deutschland gleichmäßig gilt[2]); „gemeines deutsches Recht" dasjenige, welches in ganz Deutschland gleichmäßig auf Grund einheitlichen Befehles gilt.[3])

2. Der Rechtszustand Deutschlands hat mannigfach gewechselt. Diese Wechselgänge zu verfolgen ist Aufgabe der Rechtsgeschichte, welche das Recht der Gegenwart erst voll verständlich macht.

3. Aufgabe dieses Buches ist, vorzutragen

a) nur Deutsches Recht;

b) nur gemeines Deutsches Recht;

c) nur heutiges gemeines Deutsches Recht[4]) ohne historische Erklärung, in sog. dogmatischer Darstellung.

4. Das deutsche Recht schneidet gegen das fremde, das Recht der Gegenwart gegen das der Vergangenheit keineswegs in voller Schärfe ab. Da wir die ausländischen Staaten anerkennen, so räumen wir fremdem Recht auf fremde Rechtsverhältnisse nicht selten Rechtswirkung auch bei uns ein. Da erst recht wir unsere eigene Vergangenheit nicht verleugnen, so räumen wir erst recht häufig

---

[1]) Auf Kolonien, Schutzgebiete und Konsular-Jurisdiktionsgebiete soll hier keine Rücksicht genommen werden.

[2]) Hier kann die Übereinstimmung eine zufällige sein; sämtliche deutsche Staaten mögen jeder für sich dasselbe angeordnet haben.

[3]) Hier ist die Übereinstimmung eine wesentliche; über sämtliche deutsche Staaten hin trifft das Reich eine und dieselbe Anordnung.

[4]) Häufig versteht man, wenn für Deutschland von „gemeinem Recht" kurzerhand die Rede ist, darunter noch aus alter Gewohnheit das bis zum 1. Januar 1900 gültig gewesene gemeine deutsche Recht hauptsächlich romanistisch-kanonistischen Ursprunges, das sog. Pandektenrecht.

älteren deutschen Rechtsregeln auf ältere Rechtsverhältnisse auch heute noch Wirkung ein. Insoferne ist denn auch solches Recht, das man meist und mit Fug nach dem Regelfalle Recht der Fremde oder der Vergangenheit nennt, deutsches Recht der Gegenwart. Für die Darstellung aber ist schon der Übersichtlichkeit halber zu scheiden:

a) Gewisse Regeln bestimmen, unter welchen Umständen sogenanntes fremdes oder vergangenes Recht bei uns heute noch gilt. Diese Regeln gehören mit zum System des deutschen Rechts der Gegenwart.

b) Dagegen die gemäß jenen Regeln bei uns gelegentlich geltenden Rechtssysteme oder vereinzelten Rechtssätze der Vergangenheit oder des Auslandes sind aus unserem Systeme auszuschließen.

III. Das bürgerliche materielle Recht.

§ 3. Die wissenschaftliche Gruppenbildung.

I. Das geltende Recht besteht aus zahlreichen allgemeinhin ausgesprochenen Rechtsbefehlen, deren Wirkungen sich so kreuzen, daß stets schließlich für jeden Einzelfall ein bestimmter Befehl aufgefunden werden muß. Unmöglich ist es dabei von vornherein zu bestimmen, welche unter den allgemeinhin ausgesprochenen Rechtsbefehlen bei der Gewinnung des Rechtsbefehls für den Einzelfall zu berücksichtigen sein werden. Noch so Fernliegendes mag heranzuziehen sein.[1] Bildlich ausgedrückt, das geltende Recht ist stets ein organisches Ganzes.

Dennoch sind wir genötigt, uns dies zusammenhängende Rechtsganze in Gruppen zu zerlegen, des Überblickes halber. Bei der Bildung solcher Gruppen zu Zwecken des Studiums, der Lehre oder der Wissenschaft wird jeder Lernende, Lehrer oder Gelehrte frei vorgehen dürfen nach seinen persönlichen Bedürfnissen. Er wird mit seiner Gruppenbildung um so mehr Anklang finden, je praktischer sie ist; es mag sich deshalb für ihn empfehlen, an herkömmliche Einteilungen sich anzuschließen; gebunden aber ist er an keine derartige Rücksicht.

Dabei wird sich ein Weiteres herausstellen. Nicht nur die Einteilungsmethode wird etwas Willkürliches sein; sondern auch bei ihrer

---

[1]) So mögen Sätze des Völkerrechts bei der Entscheidung eines Civilprozesses eingreifen, so wenig man im allgemeinen erwartet, sie bei der Ordnung privatrechtlicher Verhältnisse mitwirksam zu finden.

Durchführung wird man ohne Willkürlichkeiten nicht auskommen. Weil es sich eben um ein organisches Ganzes handelt, bei dem alles zusammengehört, alles ähnlich, d. h. weder ganz gleich noch ganz verschieden ist. So werden sich, selbst wenn man sich im allgemeinen über gewisse Gruppen einigt, stets streitige Grenzgebiete ergeben, welche von beiden Seiten in Anspruch genommen oder zurückgewiesen werden, ohne daß eine einheitlich feste Entscheidung unentbehrlich wäre; auch hier wieder mag ein jeder für sich das für seine Zwecke und Bedürfnisse Brauchbare suchen.

II. Solche Gruppen nun, über deren Bildung man sich im allgemeinen geeinigt hat, sind bürgerliches Recht einerseits, öffentliches Recht andererseits, und materielles Recht einerseits, Prozeßrecht andererseits.

1. Bürgerliches Recht, auch Civil- oder Privatrecht genannt[1]). Man ist durchweg einverstanden darüber, welche Regeln in dieser Gruppe zusammengestellt, welche in das öffentliche Recht verwiesen zu finden man erwartet. Hierher werden gerechnet die Regeln über das Vermögen, über die Familien und über die Persönlichkeitsrechte, unter letzteren z. B. die an Ehre, Freiheit, Namen, Erfindungen, Schriftwerken u. dergl. m. Jedoch alle diese Gebiete nur unter sehr weit greifenden Ausnahmen: nämlich nicht soweit sie betroffen werden durch oberhoheitsrechtliche Beschränkungen oder Eingriffe des Staates (z. B. durch polizeiliche Eigentumsbeschränkungen); ferner nicht, soweit es sich handelt um Strafbarkeit der Rechtsverletzung; endlich nicht, soweit Schutz durch Staatsbehörden, namentlich auch gerichtlicher Schutz, in Betracht kommt. Denn umgekehrt zum öffentlichen Rechte rechnet man unbedingt die Regeln über Einrichtung und Tätigkeit aller Organe des Staates, der Staatenteile und der Kirche; ferner die Regeln über öffentliche Strafe; endlich die Regeln über die Beziehungen souveräner Staaten zueinander.

Die Übereinstimmung versagt bereits, wo man den Grund dieser Einteilung zu bestimmen sucht, um darnach Grenzstreitigkeiten zu regeln. Angenommen wird da, die Scheidung beruhe auf der Verschiedenheit

---

[1]) Guter Überblick über die Literatur etwa bei Stier-Somlo, Die Einwirkung des bürgerlichen Rechts auf das preußisch-deutsche Verwaltungs-Recht, Lieferung 1, S. 12 fg. § 3: „Die Grenzziehung zwischen bürgerlichem und öffentlichem Recht“.

a) des Zweckes.[1])

Das bürgerliche Recht verfolge das Wohl des Einzelnen, das öffentliche Recht das Wohl des Ganzen. Als ob nicht die Wohlfahrt des Staates zum Wohl der Einzelnen, dieses wieder zum Gedeihen des Staates unerläßlich wäre!

b) der Stoffe.[2])

Hier rechtliche Stellung und Verhältnisse der Einzelnen als solcher, dort des Staates und der Staatsbürger als solcher. Sehr richtig, aber wenig fördernd: denn die Frage, was den Einzelnen als solchen, was ihn als Staatsbürger angeht, fällt mit unserer Hauptfrage zusammen.

c) der Rechtsform.

Das bürgerliche Recht, soweit es Rechte gibt, verpflichtet nicht zu deren Ausübung: wer sein Recht nicht ausübt, mag den Schaden tragen, der ihm daraus entsteht; zum Gebrauche zwingt ihn das bürgerliche Recht nicht; es ist nicht „zwingendes Recht" in diesem Sinne[3]). Dagegen trifft im öffentlichen Recht regelmäßig den Berechtigten die Pflicht zur Rechtsausübung, es ist so zwingendes, d. h. in diesem Falle zur Ausübung nötigendes Recht. — Die Stärke dieser Anschauungsweise liegt darin, daß sie für das bürgerliche Recht ganz zutrifft; ihre Schwäche darin, daß sie für das öffentliche Recht eben nur in der Regel zutrifft, während es zahlreiche und wichtige öffentliche Rechte ohne Rechtspflicht der Ausübung gibt, z. B. das Recht der Stimmabgabe bei öffentlichen Wahlen oder das Recht des Beleidigten, Bestrafung des Beleidigers im Wege der Privatklage herbeizuführen.[4])

Es ergibt sich, daß mit keinem solchen Einteilungsprinzip auszukommen ist. Vielmehr ist zu allen hinzuzunehmen, daß im Zweifel die Anziehungskraft des öffentlichen Rechts überwiegt.[5]) Bürgerliches Recht, im Sinne einer wissenschaftlichen Einteilung, sind also

[1]) So die bekannte Römische Erklärung, l. 1 § 2 D. de justitia et jure 1, 1.

[2]) So etwa Motive zum ersten Entwurf des BGB. 1, 1.

[3]) Darauf verweist Hölder, Kommentar, S. 34, Zusatz.

[4]) Vgl. Jellinek, System der subjektiven öffentlichen Rechte, Freiburg 1892.

[5]) In unserer Zeit, im Gegensatze gegen die umgekehrt überwiegend privatrechtliche Anschauungsweise des Mittelalters.

diejenigen Rechtsregeln über Persönlichkeit, Familie und Vermögen, welche nicht zum öffentlichen Recht hinübergezogen werden. Dazu hinübergezogen werden sie, wenn sie zugleich staatliche (oder kirchliche) Dinge berühren, oder auch wenn sie unter unbedingt zwingendes Recht gestellt sind.

2. Materielles Recht. — Unter materiellem Recht verstehen wir diejenigen Rechtsregeln, deren Aufstellung zur Herbeiführung der Rechtsordnung auch bei ausnahmslos allgemeinem Verständnis und Gehorsam notwendig wäre („Normen erster Ordnung"); unter prozessualem Recht diejenigen Rechtsregeln, welche notwendig werden, um dem materiell-rechtlich geforderten Rechtszustande Klarstellung und Zwangsvollstreckung zu sichern („Normen zweiter Ordnung").[1])

Ist dieser Grundsatz klarer als derjenige der vorher erörterten Einteilung, so bleiben doch auch hier Schwierigkeiten und damit Grenzzweifel genug übrig. Denn im Grunde ist der Nachdruck, mit dem ein Befehl erster Ordnung auftritt, d. h. also sein befehlender Inhalt nur zu ermessen aus der begleitenden Norm zweiter Ordnung, dem Rechtsschutzversprechen.

Selbst was in erster Linie befohlen ist, erweist sich als verschieden, je nachdem z. B. die Zwangsvollstreckung sich richtet auf direkte Erzwingung des befohlenen Verhaltens selbst oder bloß auf Zahlung einer Geldentschädigung wegen Andersverhaltens. Außerdem wirken die Bedingungen des Rechtsschutzes (z. B. rechtzeitige Klageerhebung, Beweisbarkeit oder dgl.) fast geradezu als Bedingungen des materiellen Rechts. Und endlich wirken manche Ereignisse des Prozesses (Beginn, Urteil) materiellrechtlich zurück. Daher praktisch wie wissenschaftlich das Bedürfnis, solche Dinge zweimal, von zwei verschiedenen Seiten, zu betrachten, bei Darstellung sowohl des Prozesses wie des materiellen Rechtes. Auch ein besonderer wissenschaftlicher Abschnitt läßt sich aus diesem Grenzgebiete bilden, das sog. Aktionenrecht.

Das gesamte Prozeßrecht wird zum öffentlichen Rechte gerechnet. Selbstverständlich, soweit dabei Einrichtung und Tätigkeit staatlicher Rechtsschutzorgane geregelt ist. Aber auch soweit es sich auf das Verhalten und auf die Rechtsverhältnisse derjenigen bezieht, welche Rechtsschutz für bürgerliche Normen erster Ordnung suchen. Höchstens zweifelt man, ob einzelne Normen prozeß- oder materiellrechtlicher

---

[1]) Vgl. Leonhard a. a. O. S. 13, unter IV.; aber Feststellungsklage hinzuzunehmen.

Natur sind; sind sie ersteres, so sind sie unbezweifelt öffentlich-rechtlich. Die oben dargelegte überlegene Anziehungskraft des öffentlichen Rechts macht sich geltend.

Innerhalb des Prozeßrechtes bildet eine besondere Gruppe das Civilprozeßrecht. Das ist die Summe derjenigen Normen zweiter Ordnung, welche der Regel nach berufen sind, bürgerlichen Normen erster Ordnung zu dienen. Der Civilprozeß hat deshalb mit dem bürgerlichen Recht die Maxime gemeinsam, absolut zwingendes Recht zu meiden.

Jedoch besteht das Dienstverhältnis zwischen bürgerlichem Recht und Civilprozeß weder stets, noch ausschließlich. Tatsächlich verweist „das positive Recht"[1]) oft für bürgerliche Normen auf den Schutz durch anderes als civilprozessuales Verfahren; und auch umgekehrt wird wohl die Durchführung im civilprozessualen Verfahren solchen Normen erster Ordnung zu teil, welche zweifellos nicht zum bürgerlichen, sondern zum öffentlichen Rechte gehören.[2]) Darum auch verfehlt die Scheidung zwischen bürgerlichem und öffentlichem Recht nach dem Merkmale dieses Dienstverhältnisses, welches bald zu weit, bald nicht weit genug führt.

§ 4. Die gesetzliche Gruppenbildung.

I. Es ist naheliegend und unbedenklich, wenn der Gesetzgeber in Praxis und Wissenschaft hergebrachte Gruppenbildungen, wie die im § 3 besprochenen, auch seinerseits benutzt, um sich den Arbeitsstoff zu zerlegen. Früher nicht eben üblich[3]), ist dies Verfahren in neuerer Zeit fast selbstverständlich geworden — Strafgesetzbuch, Strafprozeßordnung, Civilprozeßordnung, Bürgerliches Gesetzbuch u. s. f.: schon diese Namen sind bezeichnend.

Dabei hindert den Gesetzgeber nichts, gelegentlich, bei der Regelung der einen Materie in eine wissenschaftlich zu einer anderen Gruppe gehörige Materie hinüberzugreifen, oder eine

---

[1]) „Positives Recht" ist an sich nur eine andere Bezeichnung für „geltendes Recht"; wir gebrauchen jene aber mit Vorliebe dann, wenn dieses nicht ganz unseren a priori, nach der Regel gebildeten Erwartungen entspricht.

[2]) Wach, Handbuch des Deutschen Civilprozeßrechts, Band 1, S. 111, Note 84, S. 112 Note 85.

[3]) Corpus juris civilis und Corpus juris canonici, die Gesetzgebungswerke Justinians und der Päpste, bringen bürgerliches und öffentliches, materielles und Prozeßrecht in bunter Mischung.

Materie nur teilweise zu behandeln, wie es ihm eben praktisch erscheint, im Gegensatz zu einem Doktrinarismus, der hier durchaus verfehlt wäre. Die Schwierigkeiten der Grenzregulierung entscheidet der Gesetzgeber nach Belieben durch die Tat, indem er nämlich dies behandelt, jenes unberührt läßt, um anderswo darauf zurückzukommen. Und andererseits bleibt der dogmatischen Rechtsbehandlung volle Freiheit, die aus verschiedenen derartigen Gesetzen hervorgehenden Rechtssätze nach ihrem Bedürfnisse zu sondern oder zusammenzufügen, dieser oder jener Gruppe einzuordnen. Nicht weil ein Rechtssatz dem BGB. entstammt, ist er notwendigerweise bürgerliches Recht im wissenschaftlichen Sinne des Wortes; nicht weil eine Regel in die CPO. verwiesen ist, sind wir wissenschaftlich genötigt, ihren materiell-rechtlichen Charakter zu verkennen.

II. Um ganz Anderes handelt es sich, wenn der Gesetzgeber die hergebrachte Gruppenbildung im Gesetze selbst dazu benutzt, um an die Voraussetzung, daß ein gewisses Rechtsverhältnis zu dieser oder jener Gruppe gehöre, eine gewisse Rechtsfolge zu knüpfen. So aber hat der deutsche Gesetzgeber der Gegenwart benutzt die Schlagworte „privatrechtliche Vorschriften" (Art. 55) und „prozeßrechtliche Vorschriften" (§§ 13, 14 EG. z. CPO.) sowie „bürgerliche Rechtsstreitigkeiten" (§ 3 EG. z. CPO.). Folge hiervon ist:

1. Die Fragen, was privatrechtlich, bürgerlichen Rechts, prozeßrechtlich ist, müssen nun einheitlich und scharf entschieden werden. Verschiedene Bücher, vielleicht sogar desselben Verfassers, mögen aus Rücksichten des Systems oder der Didaktik dieselbe Materie bald hierher, bald dorthin stellen; aber die vom Gesetze an den Umstand, daß eine Materie hierher oder dorthin gehört, geknüpften Folgen können für dieselbe Materie nur eintreten oder nicht eintreten. Insoweit ist es auch nicht mehr möglich, beiden Gebieten gemeinsame Grenzstreifen anzunehmen.

2. Bei der Entscheidung dieser Fragen ist nur noch maßgebend der Wille des Gesetzes. Allein diesem ist zu entnehmen, was unter „bürgerlichem Recht" und unter „Prozeß-Recht" zu verstehen ist. Dabei ist, mangels näherer ausdrücklicher Bestimmungen, nach gewöhnlichen Auslegungs-Regeln zu verfahren.

a) Es ist irrig, anzunehmen, alles, was in der Prozeßordnung steht, sei dadurch vom Gesetz selbst für Prozeßrecht, alles, was im BGB. steht, dadurch vom Gesetz selbst für bürgerliches materielles Recht erklärt. Vielmehr ist keineswegs ausgeschlossen, daß der

Gesetzgeber gelegentlich irgend eines Zusammenhanges auch solche Vorschriften erlassen hat, die er selbst als zu andern Rechtsgruppen gehörig ansah.[1]) — Dennoch gibt im großen und ganzen die Summe der in einem Gesetzbuche bestimmten Namens behandelten Rechtssätze deutlichen Hinweis auf die gesetzliche Auffassung.

b) Ein anderer Hinweis ist dem Umstande zu entnehmen, daß plangemäß das BGB. sich eher gegen als für die Zugehörigkeit zum bürgerlichen materiellen Recht entscheidet.[2]) Was irgend an öffentlich-rechtliche oder prozessuale Beziehungen streift, wird gerne ganz dem öffentlichen, namentlich dem Prozeßrecht zugewiesen. Die hierfür maßgebend gewesenen politischen und gesetzgeberischen Rücksichten[3]) führen zu demselben Ergebnisse, wie in der Wissenschaft die überwiegende Anziehungskraft des öffentlichen Rechts.

c) Beide Hinweise genügen nicht zur bestimmten Beantwortung der zu lösenden Fragen. Es bleibt nichts anderes übrig, als die Bedeutung der vom Gesetze gebrauchten Worte nach dem zur Zeit der Gesetzesredaktion herrschenden Sprachgebrauche festzustellen. Dieser Sprachgebrauch ist, da es sich um technische Kunstwörter handelt, nicht dem täglichen Leben, sondern der Übung der Juristen zu entnehmen. Auch ist nicht meritorisch zu prüfen, welcher Gebrauch jener Kunstwörter der vernünftigste, systematisch brauchbarste, innerlich folgerichtigste gewesen wäre; sondern nur, welcher er tatsächlich gewesen ist; in Zweifelsfällen also, welche Übung die herrschende gewesen ist. Dabei dürfte man im wesentlichen zu den im vorgehenden Paragraphen versuchten Bestimmungen gelangen.

3. Der Sinn der Wörter „bürgerliches Recht" und „materielles Recht" ist damit ein für alle male gesetzlich auf den zur Zeit der Redaktion des BGB. in Praxis und Theorie eben herrschend ge-

[1]) Das schlagendste Beispiel hierfür aus dem BGB., § 62, entnehme ich Zitelmann, Das Recht des bürg. Gesetzbuchs, Allg. Teil, S. 3. Man könnte von „leges fugitivae" des modernen Rechts reden.

[2]) Aber Vorsicht; die Nichtaufnahme braucht dies nicht zu bedeuten; so richtig Leonhard, a. a. O. S. 12: sie kann auch bloße Neutralitäts-Erklärung sein. Dennoch wird sie vielfach, ohne gesetzlichen Zwang, stärker wirken.

[3]) Politische Rücksichten: es sollte vermieden werden, in die Kompetenz der deutschen Territorial-Staaten durch Berührung öffentlich-rechtlicher Gebiete kränkend einzugreifen; gesetzgeberische Rücksichten: bei der ohnehin gewaltigen Aufgabe, ein neues bürgerliches Recht zu schaffen und einzuführen, war Entlastung von allenfalls anderswo einstellbaren Materien angezeigt.

wesenen Sinn dieser Wörter festgelegt. Aber wohl gemerkt nur, so oft die Anwendbarkeit einzelner Rechtssätze in Frage steht, welche ihre Anwendbarkeit von der Zugehörigkeit einer Rechtsregel zu diesem oder jenem Gebiet abhängig machen. Soweit dagegen in Betracht kommen Fragen der Systematik oder der Didaktik; soweit die Rechtswissenschaft oder der Rechtsunterricht in mehrere Zweige eingeteilt werden sollen; so findet für die Bildung dieser Gruppen wissenschaftliche und pädagogische Einsicht nach wie vor freie Statt. Um so besser, wenn diese frei gebildeten Begriffe mit den gesetzlich festgestellten zusammenfallen.

Dieses Vorteils genießen wir heute noch regelmäßig, da Anschauung und Wortgebrauch in juristischen Kreisen für jene obersten Einteilungen in der kurzen, seit Fertigstellung des BGB. verflossenen Zeit sich noch kaum verändert haben dürften. In diesem Sinne soll hier dogmatisch und elementar von dem gemeinen deutschen materiellen bürgerlichen Rechte der Gegenwart gehandelt werden.

Indessen ist dem noch eine Beschränkung beizufügen. Unser bürgerliches Recht ist — wie alsbald genauer anzugeben — keineswegs ganz in unserem neuen Bürgerlichen Gesetzbuch enthalten; selbst nicht, soweit es reichsrechtlich als solches bürgerliches Recht anerkannt[1]) und geordnet ist, des in Geltung verbliebenen territorialen bürgerlichen Rechts zu geschweigen. Große Partieen sind aus dem Bürgerlichen Gesetzbuche ausgeschieden. Dieselben Partieen sollen auch hier, namentlich soweit sie systematisch in sich zusammenhängen, ausgeschieden bleiben. Unsere Darstellung bezieht sich vorzüglich auf das Recht des Bürgerlichen Gesetzbuches vom 18. August 1896.

IV. Das Bürgerliche Gesetzbuch.

§ 5. Entstehung.

I. Vorzustand.[2]) Der Zustand des bürgerlichen Rechts, wie er bis zum 31. Dezember 1899 in Deutschland[3]) bestanden hat, war bekanntlich der denkbar mannigfaltigste. Genauer kennen lernen kann man denselben nur durch eingehende geschichtliche Darstellung (deutsche Rechtsgeschichte). Hier bloß ein Überblick.

Es waren hauptsächlich zu unterscheiden Länder mit und ohne

---

[1]) Vgl. außerdem oben S. 11. Text zu Note 3.

[2]) Vgl. Rechtskarten, z. B. von Schröder, in deutscher Rechtsgeschichte.

[3]) S. oben S. 4 Note 1.

Kodifikation. Unter „Kodifikation" versteht man diejenige Art gesetzgeberischer Tätigkeit, welche das gesamte Recht eines Bezirkes oder doch einen größeren zusammenhängenden Ausschnitt daraus in einem einheitlichen Gesetzgebungswerke, unter ausdrücklicher Aufhebung allen älteren einschlägigen Rechtes [1]), möglichst erschöpfend regelt.

1. Gebiete mit solchen Kodifikationen des bürgerlichen Rechts waren:

a) das Gebiet des Allgemeinen Landrechts für die preußischen Staaten, von 1794. Hauptsächlich die östlichen Provinzen Preußens und Westfalen, ferner Teile von Hannover und der Rheinprovinz und einige Sprengstücke.

b) die Länder des französischen Rechts, das sind diejenigen Länder, in welchen der französische code civil von 1804 sich aus den Zeiten der französischen Herrschaft her in Geltung erhalten hatte, also namentlich der linksrheinische Teil der preußischen Rheinprovinz [2]), Rheinhessen, Rheinbayern und Elsaß-Lothringen; und außerdem das Großherzogtum Baden, dessen Landrecht von 1809 nur eine Bearbeitung des französischen code civil ist.

c) die Reste der Herrschaft des Allgemeinen Bürgerlichen Gesetzbuches für die österreichischen Staaten von 1811 innerhalb des heutigen Deutschland: nur noch einige bayrische Bezirke.

d) das Königreich Sachsen mit dem sächsischen Bürgerlichen Gesetzbuche von 1863.

2. Außerhalb der aufgezählten Gebiete galt das frühere „gemeine Recht". [3]) Es beruht bekanntlich auf dem römischen Recht, besonders auf der Justinianischen Kodifikation desselben, wie sie in Deutschland rezipiert wurde. Hinzugetreten sind

a) für das gesamte Gebiet dieses gemeinen Rechts zahlreiche Einflüsse des kanonischen Rechts, des älteren deutschen Rechts und der alle diese Elemente eben zu der Einheit des gemeinen Rechts verschmelzenden Praxis.

b) Außerdem aber kommt in Betracht, daß dieses gemeine Recht nur subsidiär galt, d. h. so, daß seine Herrschaft hinter allen lokalen Rechten zurücktrat und der Betätigung territorialer, auch

[1]) Wennschon mit örtlichen Ausnahmen, wie das Preußische Allgemeine Landrecht für die Provinzialrechte.

[2]) Rechtsrheinisch nur in denjenigen Teilen, welche zum ehemaligen Großherzogtum Berg gehörten.

[3]) Vgl. oben S. 4 Note 4.

bloß statutarischer Gesetzgebung freisten Raum ließ, immer nur bereit, in die danach noch bleibenden Lücken einzutreten. Infolge der hiermit eröffneten Möglichkeit hatten sich die verschiedensten partikularistischen Rechtsgebilde auf den meisten Gebieten des bürgerlichen Rechts, namentlich im Familienrecht, aber auch sonst vielfach teils über die Rezeption des fremden Rechts hinaus erhalten, teils durch unablässige Bildung neuen Gesetzes- oder Gewohnheitsrechts für die verschiedenen Territorien, Provinzen, Städte, Landgemeinden neu entwickelt. An jedem Orte galt so das gemeine Recht nur mit unzähligen, aus der ältesten Vergangenheit oder aus der jüngsten Gegenwart herrührenden, ganz lokalen oder territorial umfassenden, ganz vereinzelte Punkte oder größere Materien betreffenden, einander wieder gegenseitig vielfach beschränkenden oder beeinflussenden Abänderungen. An keinem Orte wohl galt es so, wie es unter dem Namen „Pandekten" in Lehrbüchern und Lehrvorträgen dargestellt wurde, nämlich bloß soweit es gemeines Recht war. War dieser Rechtszustand gewiß höchst unbefriedigend, so hat er doch die Bedeutung, daß sich in der Form jener mannigfachen Abweichungen vom gemeinen Recht oft altes einheimische Recht erhalten, vielfach auch neues Recht wurzelecht gebildet hat.

3. Zwischen den beiden genannten Gruppen nahmen eine besondere Stellung ein die altbayrischen Länder des Codex Maximilianeus bavaricus civilis von 1756. Denn dieses Gesetz beließ es zwar einerseits bei der subsidiären Gültigkeit des gemeinen Rechts; war aber andererseits so vollständig, daß damit das gemeine Recht ganz in den Hintergrund gedrängt war. Wennschon streng genommen ohne Kodifikation, hatten also tatsächlich jene bayerischen Länder ein bürgerliches Recht für sich; sie bildeten ein eigenes geschlossenes Rechtsgebiet.

Zusammenfassend: solcher Rechtsgebiete gab es im wesentlichen vier, die des Preußischen, Französischen, Sächsischen und Bayrischen Rechts; außerdem das vielfach zerrissene und zersetzte Gebiet des alten gemeinen Rechts.

II. Anbahnung.[1]) — Wahrlich kein Wunder unter solchen Zuständen, daß zu den verschiedensten Zeiten und von den verschiedensten Seiten her Bestrebungen zu Vereinheitlichung des deutschen

---

[1]) Schwartz, Die Geschichte der privatrechtlichen Kodifikationsbestrebungen in Deutschland, im Archiv für bürgerliches Recht 1, 1 fg.

bürgerlichen Rechts sich geltend gemacht haben. Diese Bestrebungen bilden geradezu eine Äußerung deutschen Nationalempfindens, ihre Geschichte gehört noch mehr fast zur Geschichte deutscher Kultur- und Volksentwicklung, als zur Rechtsgeschichte. Besonders lebhaft wurden daher diese Stimmen während der großen nationalen Erhebung der Befreiungskriege; aber einen politisch tragfähigen Boden für ein einheitliches deutsches Rechtsgebäude bot erst die Errungenschaft der siebenziger Jahre, das neue Deutsche Reich.

1. Ohne die reale politische Macht ist Gesetzgebung Torheit: eine solche Macht bestand seit 1871. — Ohne grundverfassungsmäßige Berechtigung zu ihr wäre Gesetzgebung Rechtsbruch: diese Berechtigung, für das ganze Gebiet des bürgerlichen Rechts wenigstens [1]), besaß jene Macht zunächst noch nicht. Sie erhielt sie erst durch das Reichsgesetz vom 20. Dezember 1873.

2. Sobald aber einmal durch dieses Gesetz das Deutsche Reich die Gesetzgebungszuständigkeit für das gesamte bürgerliche Recht besaß, verstand es sich von selbst, gemäß Art. 2 der ursprünglichen Reichsverfassung, daß, hier wie sonst, sobald es zum Erlasse von Reichsgesetzen kommt, diese den Landesgesetzen vorgehen. Damit war die Möglichkeit einer eigentlichen Kodifikation, im strengen Sinne des Wortes, eröffnet.

3. Selbstverständlich war das Gesetz vom 20. Dezember 1873 nicht zu stande gekommen, ohne daß die gesetzgebenden Faktoren von der ihnen darin gegebenen Befugnis sofort Gebrauch zu machen entschlossen gewesen wären. Auch schritt man alsbald zur Tat. Wenn nichtsdestoweniger es bis zum Erlasse des Bürgerlichen Gesetzbuches noch über 22½ Jahre gewährt hat, so ist dieser Zeitaufwand durch Umfang und Schwierigkeit der zu lösenden Aufgabe durchaus erklärt und gerechtfertigt. Für dringende Einzelheiten mochten inzwischen zahlreich erlassene Einzelgesetze sorgen; für das große Werk war Vollendung wenigstens anzustreben; nichts Vollendetes aber ohne Mühe und Muße.

III. Ausführung.[2]) — Die Ausführung ist in folgenden Abschnitten durch folgende Organe vor sich gegangen.

---

[1]) Wohl für einzelne Gebiete, namentlich Obligationen- und Handelsrecht, wie darüber auch schon der Norddeutsche Bund zuständig war; Art. 3 u. 4 der Nordd. Verf.-Urkunde, Art. 4 Ziffer 13 der Reichsverfassung v. 16. April 1871.

[2]) Vierhaus, Die Entstehungsgeschichte des Entwurfs eines Bürgerlichen

1. Die Vorkommission, berufen vom Bundesrate, um Aufgabe, Plan und Methode des Vorgehens zu begutachten; ihre Vorschläge vom Bundesrate gebilligt 22. Juni 1874.

2. Die Kommission von 11 Mitgliedern, berufen zur Abfassung des Gesetzes selbst, in unausgesetzter angestrengter Tätigkeit, aber in der Stille schaffend vom Herbst 1874 bis Ende 1887.[1]) Ihr Produkt, der sog. Erste Entwurf, wurde vom Bundesrat veröffentlicht 1888.

3. Nun eine Pause in der offiziellen Tätigkeit, um die öffentliche Kritik zu Worte kommen zu lassen. Diese Kritik strömte um so reichlicher, fiel um so schärfer aus, je mehr die Vorzüge des ersten Entwurfes streng technische waren, gediegen romanistischer Aufbau und klare Folgerichtigkeit, während die Mängel, als Doktrinarismus des Inhaltes wie des Ausdruckes, auf der Hand lagen. Namentlich machten manche, auch juristischerseits erschallende Stimmen gegen den Entwurf von Schlagwörtern des Augenblicks[2]) einen wenig erfreulichen Gebrauch. Aber auch ernsthaft brauchbare Verbesserungsvorschläge wurden zahlreich vorgebracht. Und besonders vorteilhaft war es, daß nun manche Rücksichten auf Schonung des territorialen Rechts, welche die erste Kommission noch hatte nehmen müssen, durch den Nachdruck der öffentlichen Meinung (z. B. betreffend die Vereine mit juristischer Persönlichkeit) verdrängt wurden. — Ergebnis: Der Bundesrat beschloß Umarbeitung auf Grund des ersten Entwurfes.

4. Die zweite oder große Kommission von 22 Mitgliedern, darunter auch Laien, berufen im Dezember 1890. Ergebnis ihrer stets schon nach Fertigstellung der Teilabschnitte veröffentlichten Arbeiten ist der Entwurf zweiter Lesung, sog. Zweiter Entwurf; dessen von derselben Kommission nochmals revidierte Fassung vom Oktober 1895 trägt den Namen „Bundesratsvorlage".[3]) Er schneidet oft tief und weit ein in den Entwurf erster Lesung, während er

Gesetzbuches. In Bekker und Fischer, Beiträge zur Erläuterung und Beurteilung des Entwurfs, Heft 1, 1888. — Außerdem natürlich in allen Lehrbüchern, vor allen Ausgaben mit oder ohne Kommentar, zum Überdruß.

[1]) Am bürg. GB. selbst; dann noch an den Nebengesetzen bis Juni 1888.

[2]) Volkstümliches, urdeutsches, soziales Recht verlangte man und hat damit, bei der bedauerlichen Nachgiebigkeit der Gesetzgebung gegen solche Stimmungsmacherei, viel Unheil angerichtet.

[3]) Sprachlich wohl nicht ganz korrekt; denn dieser Name soll nicht etwa, wie man sprachlich leicht zu der Annahme kommen könnte, bedeuten: Vorlage des Bundesrats; sondern: Vorlage an den Bundesrat.

seinerseits später fast nur noch in Einzelheiten,[1]) wennschon viele und darunter manche wichtige Abänderungen erfahren hat.

5. Es folgen nun: Durchberatung durch den Bundesrat; Vorlage an den Reichstag, sog. Reichstagsvorlage[2]) vom Januar 1896; Reichstagsberatungen im Plenum, in einer Kommission, in zweiter und in dritter Lesung; dabei manche namentlich politisch bedingte Änderungen und Schwankungen; schließlich Ausgleich. Diesem gemäß erhielt das Gesetz in der Gestalt, in welcher es der Reichstag durch seine letzte Abstimmung vom 1. Juli 1896 angenommen hatte, unverändert die Zustimmung des Bundesrates am 14. Juli desselben Jahres.

6. Die Verkündigung durch den Kaiser ist erfolgt am 18. August 1896; daher dieses das Datum des Gesetzbuches.

§ 6. Die Nebengesetze.

I. Das Einführungsgesetz. Das BGB. ist begleitet von einem Einführungsgesetz, welches genau denselben Werdegang wie jenes zurückgelegt, gleichzeitig mit ihm Gestalt und sodann Billigung seitens der Gesetzgebung (sog. „Sanktion") gewonnen hat. Es ist von ihm getrennt lediglich aus Gründen der gesetzgeberischen Technik und Eleganz, während es sachlich zu ihm unentbehrlich gehört. Das Einführungsgesetz enthält nämlich die Regeln über Maß und Art der Rechtswirksamkeit des BGB., Regeln, welche man nicht diesem gewissermaßen über sich selbst in den Mund legen mochte.[3])

Daher ergeben sich für das EinfGes. z. BGB. folgende Materien:

1. Vorschriften über Beginn der Gesetzeskraft des BGB.; bekanntlich der 1. Januar 1900 unter einer, seither erledigten Klausel (s. unten II), Art. 1.

2. Einige terminologische Bestimmungen und eine prozessuale Regel, Art. 2—8.

---

[1]) Ausnahme besonders Buch VI der zweiten Lesung betr. internationales Privatrecht, das vom Bundesrate wieder entfernt wurde, während sein wesentlich geschmälerter Inhalt in das Einführungsgesetz (s. unten § 6) wanderte.

[2]) Vgl. oben Note 2.

[3]) Da sich dieses Bedürfnis und diese Empfindung bei jeder Kodifikation wiederholen, so pflegt sich dort auch dies Verhältnis zwischen Haupt- und Einführungsgesetz zu wiederholen. So namentlich bei den anderen reichsrechtlichen Kodifikationen; vgl. aber auch Justinians Konstitutionen vor seinen Rechtsbüchern.

3. Vorschriften darüber, auf welche örtlich verzweigten Rechtsverhältnisse das deutsche, auf welche das ausländische bürgerliche Privatrecht anzuwenden ist, sog. internationales Privatrecht, Art. 7 bis 31. Bis dahin reicht der erste Abschnitt des Gesetzes.

4. Vorschriften über das Verhältnis des BGB. zu den älteren Reichsgesetzen, Abschnitt II des Gesetzes.

5. Vorschriften über das Verhältnis des Bürgerlichen Gesetzbuches zu den Landesgesetzen, beruhend auf Reichsverfassung Art. 2, s. oben S. 15; Abschnitt III des Gesetzes.

6. Vorschriften darüber, auf welche der Zeit nach älteren Rechtsverhältnisse das neue, auf welche das vergangene Recht anzuwenden ist, sog. Übergangsvorschriften, vierter und letzter Abschnitt des Gesetzes. — An die unter 1, 4, 5 und 6 aufgezählten Materien schließen sich, wie unten weiter auszuführen, weitere gesetzgeberische Eingriffe, sei es des Reichs, sei es der einzelnen deutschen Territorien.

II. Die anderen neuen Nebengesetze. — Art. 1 des EinfGes. bestimmt u. a., daß gleichzeitig mit dem BGB. in Kraft treten sollen ein Reichsgesetz über die Zwangsversteigerung und die Zwangsverwaltung, eine Reichsgrundbuchordnung und ein Reichsgesetz über die Angelegenheiten der freiwilligen Gerichtsbarkeit, Materien, die bis dahin reichsrechtlich noch nicht geordnet waren, ohne deren reichsrechtliche Regulierung aber einheitliche Handhabung des BGB. undenkbar war. Die so geforderten Gesetze sind ergangen, die beiden oben zuerst aufgezählten am 24. März 1897, das dritte am 17. Mai 1898.[1])

III. Die älteren Kodifikationen. — Ältere reichsrechtliche Kodifikationen, die inhaltlich dem BGB. nahe standen, waren das Handelsgesetzbuch, das Gerichtsverfassungsgesetz, die Civilprozeßordnung und die Konkursordnung. Diese konnten nicht mit dem BGB. innerhalb des engen Rahmens des Einführungsgesetzes in Einklang gebracht werden[2]); man mußte sie vielmehr selbständig neu ordnen. Auch dies ist geschehen, wie es verlangt wird in Art. 1 des Einführungsgesetzes.

1. Ein neues Handelsgesetzbuch ist ergangen unterm 10. Mai 1897, wesentlich umgearbeitet, teils mit Rücksicht auf das BGB., teils unabhängig davon.[3])

---

[1]) S. auch sogleich unter III, 5.

[2]) Wie sonst für ältere Reichsgesetze geschehen, vgl. oben I, 4.

[3]) Mehr etwa bei Cosack, Lehrbuch des Handelsrechts, 5. Aufl., S. 16 fg.

2. Ebenso sind die drei anderen der genannten älteren Kodifikationen umgearbeitet, teils um sie mit dem BGB. in Einklang zu setzen, teils um das BGB. prozessual und aktionenrechtlich zu ergänzen, teils um unabhängig davon Einzelheiten zu ändern. Hier ist dies alles aber nicht geschehen in der Form, daß die alten Gesetze aufgehoben und neue Kodifikationen an ihre Stelle gesetzt worden wären, sondern durch drei Abänderungsgesetze bezüglich auf jedes der drei Gesetze[1]) und auf ihre Einführungsgesetze, wozu noch Einführungsgesetze zu zweien jener Abänderungsgesetze (betr. CPO. und KO.) kamen, alle fünf vom 17. Mai 1898.

3. Gleichzeitig erhielt jedoch, durch besonderes Gesetz, der Reichskanzler die Ermächtigung, diese Neuerungen mit dem Text der alten Gesetze zu verschmelzen und so einen neuen Text herzustellen. Die Neuveröffentlichung dieser Texte durch den Reichskanzler ist erfolgt am 20. Mai 1898.

4. Ähnlicher Umschmelzung wurden unterzogen das Gesetz betr. die Anfechtung von Rechtshandlungen eines Schuldners außerhalb des Konkursverfahrens vom 21. Juli 1879; sowie das Gerichtskostengesetz und die Gebührenordnung für Gerichtsvollzieher, für Zeugen und Sachverständige und für Rechtsanwälte.

5. Infolge aller dieser Umformungen älterer Gesetze wurde es endlich nötig, in die gerade erst fertiggestellten Nebengesetze (oben unter II), wo sie auf jene älteren Gesetze verweisen, entsprechend neue Paragraphenzahlen u. dgl. einzusetzen. Auch hierzu erhielt der Reichskanzler gleichzeitig Ermächtigung und auch diese Neuveröffentlichung in dieser Gestalt erfolgte am 20. Mai 1898. In Rechtskraft getreten sind alle hier aufgezählten Gesetze gleichzeitig mit dem Bürgerlichen Gesetzbuche.

IV. Ausführungsgesetze. Durch die bisher in diesem Paragraphen zusammengestellten Maßregeln hat die Reichsgesetzgebung für die Materien, die sie überhaupt ergriffen hatte, eine auch äußerlich und zeitlich glattgestellte gemeinrechtliche Regelung gegeben. Es erübrigte den Territorien, sich auf dem ihnen verbliebenen Gebiete dieser Neugestaltung anzupassen.

1. Dieses Gebiet war im allgemeinen ein doppeltes, s. oben unter I N. 5 u. 6; es gehören nämlich dahin

[1]) Das auf das Gerichtsverfassungsgesetz bezügliche enthält zugleich einige nicht hierher gehörige Abänderungen der StPO., was auch in seinem Namen zum Ausdruck kommt.

a) die der Territorialgesetzgebung dauernd überlassenen Dinge; und

b) die ihr überlassenen Übergangsvorschriften, s. namentlich Art. 218 des EinfGes. zum BGB.

2. Die deutschen Einzelstaaten sind durchweg dieser Aufgabe durch besondere Territorialgesetze gerecht geworden. Diese Gesetze heißen übereinstimmend technisch „Ausführungsgesetze", z. B. das Preußische zum BGB. vom 20. September 1899, das Bayrische dazu vom 9. Juni 1899 u. s. f. Diese Gesetze[1]) sind freilich nicht gemeinrechtlich, ein jedes aber für sein Gebiet von größter Wichtigkeit.

§ 7. Charakter.

I. Inhalt. – Inhalt des BGB. ist plangemäß keineswegs das gesamte materielle bürgerliche Recht, sondern es sind (s. oben § 4 z. E.) große Stücke ausgeschieden. Dieselben sind entweder der Reichs- oder der Territorialgesetzgebung vorbehalten.

1. Bereits bestehender, wennschon aus Anlaß des BGB. umgeformter Reichsgesetzgebung sind vorbehalten wesentlich folgende Gruppen:[2])

a) das Handelsrecht und zugehörige Materien, als Wechselrecht, Recht der Erwerbs- und Wirtschaftsgenossenschaften, auch etwa Haftpflicht beim Betriebe von Eisenbahnen, Bergwerken u. s. f., RG. v. 7. Juni 1871;

b) die Urheberrechte: als namentlich Patent-, Marken- und Musterschutz; Schutz des sog. geistigen Eigentums an Schriftwerken, musikalischen Kompositionen u. s. f.; überhaupt das sog. Immaterialgüterrecht mit seinen zahlreich neu ausgestalteten Persönlichkeitsrechten;

c) aktionen- und konkursrechtliche Dinge, die in das materielle bürgerliche Recht teilweise recht tief eingreifen und zu seinem Verständnisse alsdann unentbehrlich sind, s. oben § 6, III, 2—5, und S. 11 Text zu N. 3.

[1]) Zusammengestellt von H. Becher, Die Ausführungsgesetze zum BGB. (auch zu seinen Nebengesetzen und zugehörige Verordnungen mit Gesetzeskraft), München 1900.

[2]) Nur die für den Inhalt des BGB. durch ihre Ausscheidung wesentlichen Gruppen sollen hier und in den folgenden Nummern angegeben werden; für Einzelheiten s. die ausführlichen Lehrbücher und Kommentare.

2. Neuer selbständiger reichsrechtlicher Regelung blieben vorbehalten:[1])

a) das Recht der Binnenschiffahrt, inzwischen erledigt durch Reichsgesetz vom 20. Mai 1898; das Recht der Hypothekenbanken, inzwischen erledigt durch Reichsgesetz vom 13. Juli 1899; das Verlagsrecht, inzwischen erledigt durch Reichsgesetz vom 19. Juni 1901; und

b) das Versicherungsrecht, inzwischen nur sehr teilweise erledigt durch das Reichsgesetz über die privaten Versicherungsunternehmungen vom 12. Mai 1901.

3. Der Landesgesetzgebung dagegen, bereits bestehender oder zukünftiger, oder auch durch sie wiederum zugelassener örtlicher Regelung blieben vorbehalten wesentlich folgende Gruppen:[2])

a) alle Materien, die auch zum öffentlichen Recht gerechnet werden können, in recht weitgehendem Maße (s. oben S. 11 Text zu Note 3); so z. B. Privatfürstenrecht,[3]) Recht der Regalien, Haftung der öffentlichen Gewalten für ihrerseits zugefügte oder nicht verhinderte Schäden (Art. 77 u. 108), Aufrechterhaltung von Verkehrsunternehmungen im öffentlichen Interesse (Art. 125), Kirchen- und Schulbaulast u. s. f.;

b) Stoffe, bei deren Regelung örtlichen Verschiedenheiten Rechnung zu tragen ist, als Wasserrecht, Fischereirecht, auch zum Teile nachbarrechtliche Beziehungen;

c) besondere Rechtsverhältnisse an Grundstücken, sei es ganz alter, sei es jüngster Prägung als Lehnrecht, Recht der Rentengüter, Anerbenrecht;

d) verschiedene Sondergebiete als: Recht der Familienfideikommisse, Jagdrecht, Bergrecht, Gesinderecht, Recht der Zwangsenteignung und mancherlei dergleichen mehr;

e) die Regelung der religiösen Erziehung der Kinder, Art. 134.

Ergebnis: Als Inhalt für das BGB. bleiben übrig hauptsächlich und fast ausschließlich diejenigen Teile des materiellen bürgerlichen Rechts, welche die gemeinrechtliche Wissenschaft der Vergangenheit in den sog. Pandekten (Lehrbüchern und Vorträgen) zu behandeln pflegte. Das prägt sich deutlich aus in der Annahme des sog.

---

[1]) Außer den Materien der oben § 6 II aufgezählten Nebengesetze, die nicht bürgerlichrechtlicher Natur sind.

[2]) S. oben S. 20 Note 2.

[3]) S. unten § 10, III, bes. unter 4.

Pandektensystems für das BGB., sowohl als Prinzip der Arbeitsteilung während seiner Anfertigung, wie als Prinzip der Einteilung für das fertige Gesetz. — Das umfassendste und wichtigste Reichsgesetz auf materiellrechtlichem bürgerlichem Gebiet neben dem BGB. ist das Handelsgesetzbuch mit der Wechselordnung, die unverändert geblieben ist.

II. Stoff. — Unter Stoff eines Gesetzes verstehen wir die darein verarbeiteten Rechtsgedanken. Diesbezüglich bemerke man etwa folgendes:

1. Es ist denkbar, daß eine Kodifikation unternommen wird, um nach vollständigem Umschlag bisher maßgebender Anschauungen in breitestem Umfange stofflich neues Recht zu schaffen; z. B. die Strafgesetzbücher des Zeitalters der Aufklärung. Solche Fälle aber sind anomal. Meist wird es sich bei einer Kodifikation nur handeln um Neuprägung bereits bestehenden Rechts, was freilich den Wunsch keineswegs ausschließt, damit stoffliche Einzelfortschritte zu verbinden. Es lassen sich da etwa folgende Staffeln unterscheiden:

a) Übernahme des bisher geltenden Rechts schlechtweg, unter gelegentlicher Einfügung technischer Verbesserungen.

b) Falls mehrere geltende Rechte zur Verfügung stehen, wie bisher in Deutschland, Auswahl einzelner Teile daraus und Verbindung derselben zu einem neuen Ganzen.

c) Die bisher geltenden Rechte können Rechtsgedanken unentwickelt in sich tragen, deren Fortentwicklung durch Praxis und Wissenschaft vorbereitet ist.[1]) Hier findet die Gesetzgebung die Möglichkeit eines Fortschrittes ohne Bruch mit der Rechtskontinuität und ohne das Wagnis unvorbereiteter Experimente.

d) Ein solches Wagnis liegt schon vor bei Rückgriffen auf nationales Recht entfernter Vergangenheit, die leicht Rückschritte sein mögen. Oder bei Anlehen aus dem Rechte anderer Völker; was sich dort bewährt hat, mag für uns nicht passen. Trotzdem lassen sich beide Stoffkreise nicht wohl ganz ausschließen.

e) In breiten Volkskreisen oder auch in engeren Kreisen von Fachleuten mögen sich Rechtsgedanken regen; neue Erscheinungen des Lebens mögen darin das Recht fordern, das „mit ihnen geboren ist". Nimmt der Gesetzgeber solcherlei neuen Rechtsstoff gern oder

[1]) Jherings bekanntes Schlagwort: „Durch das Römische Recht über das Römische Recht hinaus."

ungern, bewußt oder unbewußt, in sein Werk auf, so wird er meist die technisch-juristischen Gedanken dazu selbst schaffen müssen.

f) Endlich mag es sich, auch abgesehen von dem soeben zuletzt erwähnten Notfall, handeln um individuell-originelle, dem Rechtsleben bisher fremde Gedanken, sei es des Gesetzgebers selbst, sei es irgend eines lebenden oder toten Rechtsdenkers, die der Gesetzgeber aufgreift. Diese Gedanken mögen geniale Geistesblitze oder Irrlichter sein, sich auf technische Fragen oder selbst auf leitende Gesichtspunkte beziehen. Höchste Vorsicht ist da offenbar geboten; auch wird es ohnehin, wo viele Menschen zur Gesetzgebung zusammenwirken, offenbar nicht leicht einem derselben gelingen, mit solchen Vorschlägen durchzudringen; die Möglichkeit aber bleibt bestehen.

2. Ergibt sich nun aus diesen Betrachtungen, daß unter allen Umständen bei besonnener Tätigkeit der gesetzgebenden Faktoren unser Bürgerliches Gesetzbuch stofflich neues Recht wesentlich gar nicht bringen konnte, so entspricht dem, daß auf Schaffung solchen Rechtes von vornherein der Plan nicht gerichtet war, selbst nicht in dem immerhin noch denkbaren Umfange. Vielmehr hatten sich die Verfasser an den Umkreis der in den verschiedenen Teilen Deutschlands damals gültigen Rechte zu halten, aus ihnen die besseren, im Zweifel die in weiteren Gebieten gültigen Sätze auszulesen und diese zu einem Ganzen zu verarbeiten. So hatte man bestimmt, aus dem Bedürfnisse der Rechtskontinuität hervor, wie auch um das große Werk nicht im uferlosen Ozean entfernterer Möglichkeiten stranden zu sehen.

a) Infolgedessen war als Stoff für unser BGB. gegeben die Summe der Rechtsgedanken in den Rechten, welche den damaligen Rechtszustand Deutschlands regelten, s. oben § 5, I; selbstverständlich stets mit der Möglichkeit einzelner Abweichungen und Ausnahmen.

b) An dies Programm haben sich die Verfasser des ersten Entwurfes streng gehalten; selbst der soeben unter 1 c erwähnten Möglichkeit, im Anschluß an ein geltendes Recht über dasselbe hinaus zu kommen, haben sie sich nur mit ängstlicher Vorsicht bedient. Sie haben dabei besonders (vgl. auch oben unter I das Ergebnis) den Stoff des früheren gemeinen, in seiner Wurzel allerdings Römischen Rechts bevorzugt; und dabei wieder besonders diejenige Ausbildung dieses Stoffes, welche sie in der Pandektenwissenschaft der sechziger bis siebenziger Jahre des neunzehnten Jahrhunderts gegeben fanden.

c) Dagegen besteht die seither dem ersten Entwurfe widerfahrene Umarbeitung, soweit sie eine sachliche ist, außer in einer stärkeren

Benutzung anderer damals gültiger Rechte, namentlich des Preußischen Landrechts, meist gerade in Abweichungen von jenem Programm. Teils hat man der Fortbildung des geltenden, namentlich auch des einheimisch deutschen Rechts über sich hinaus, im Einklange mit den dahinzielenden Fortschritten der Wissenschaft, freieren Spielraum gegeben; teils zu älteren deutschen Rechtsgedanken zurückgegriffen; teils auch neuen Lebensbedürfnissen oder Geistesströmungen durch neue Rechtsgedanken Rechnung tragen wollen. Auch wohl ganz frei ist man vorgegangen, z. B. mit neuen technischen Gedanken beim Rechte der Erbenhaftung. Indessen überwiegt nach wie vor die Stoffmasse des ersten Entwurfes.

III. Form. — Zur Charakteristik des BGB. erübrigt ein Wort über seine äußere Gestaltung.

1. Es zerfällt in die fünf Bücher des üblichen Pandektensystems (s. oben S. 22). Allgemeiner Teil — Recht der Schuldverhältnisse — Sachenrecht — Familienrecht — Erbrecht. Davon beziehen sich Buch II und III auf das Vermögensrecht unter Lebendigen, Buch V auf das Vermögensrecht von Todeswegen. Die Persönlichkeitsrechte haben kein Buch für sich erhalten; sie erscheinen[1]) teils im ersten Buche unter den allgemeinen Lehren, teils im zweiten Buche gelegentlich des Umstandes, daß aus ihrer Verletzung Schuldverhältnisse entstehen.

Die einzelnen Bücher zerfallen wieder in „Abschnitte", diese in „Titel" und auch diese wieder gelegentlich in (namenlose) Unterabteilungen. Darin eingeordnet sind die einzelnen Paragraphen, welche das Gesetzbuch durchlaufend zählt; es hat ihrer 2385.

Innerhalb der Paragraphen sind bisweilen Nummern im Gesetzestext zur Sonderung kleinerer Einheiten beigefügt, sonst zitiert sich das Gesetzbuch selbst nach Absätzen und nach Sätzen, vgl. z. B. § 997 Abs. 2.

2. Der Stil des Bürgerlichen Gesetzbuches ist keineswegs ein volkstümlicher oder auch nur ein im gewöhnlichen, schriftstellerischen Sinne leichter, angenehmer. Dergleichen hier zu erwarten wäre einfach Torheit. Vielmehr war vor allem zu erstreben Genauigkeit, d. h. möglichste Übereinstimmung des Gewollten mit dem Ausdruck unter möglichstem Ausschlusse von Mißverständlichkeit; erst in zweiter

[1]) Soweit sie nicht ganz außerhalb des BGB. stehen, vgl. bes. oben § 7, I, 1, b u. unten § 15. I, 3.

Linie Kürze; und erst in letzter Linie Klarheit, d. h. möglichst leichte Verständlichkeit.

a) Der Genauigkeit dient zumeist gleichmäßige Verwendung derselben Wörter in demselben Sinne; unter Umständen die Legaldefinition dieses Sinnes; sodann scharfer, technischer Ausdruck in den einzelnen Sätzen, strenge Bezugnahme dieser Sätze aufeinander. Im ersten Entwurfe war diesen Anforderungen mit Bewußtsein, in schroffer Einseitigkeit alles sonst geopfert, jede Rücksicht auf das bei der täglichen Benutzung unentbehrliche Maß der Bequemlichkeit (vgl. namentlich die berüchtigten Verweisungen, mehrfach vom zweiten Orte wieder zu einem dritten oder gar noch weiter), bisweilen selbst die Rücksicht auf den Geist der Sprache, geschweige denn auf gefälligen Ausdruck. Im zweiten Entwurfe hat man sich zu Abschwächungen dieses Prinzips verstehen müssen; viele Verweisungen sind verschwunden, wennschon ihrer noch genug übrig geblieben sind; vielfach sind natürlichere, glattere Redewendungen eingesetzt; es ist dies jedoch mit so schonender Hand geschehen, daß die Genauigkeit des ersten Entwurfes dadurch wenig gelitten haben dürfte. Eher dürfte dieselbe hin und wieder dadurch etwas gelitten haben, daß dem ersten Entwurfe so viele sachliche Änderungen zu teil wurden, die seinen einheitlichen Guß sprengen mußten: kleine Unebenheiten sind da wohl zurückgeblieben.

b) Kurz ist das Gesetz, soweit ohne Beeinträchtigung der Genauigkeit und erstrecht der Vollständigkeit möglich. Zu diesem Ergebnisse wirken zusammen: Vermeidung der sog. Kasuistik, d. h. einer bis zu den individuellen Einzelfällen herabsteigenden Regelung; das oben schon erwähnte System von Verweisungen; und namentlich peinliche Ausnutzung aller durch die Regeln der Sprache und des Satzbaues gegebenen Möglichkeiten, in wenigen Worten viel zu sagen. Dahin gehört besonders das zudem noch aus Rücksichten einer gewissen gesetzgeberischen Eleganz beliebte Verfahren, Beweisregeln nur in seltensten Fällen ausdrücklich zu geben, dieselben vielmehr meist nur durch die Stellung der Wörter, Satzglieder oder Sätze, durch Wahl der positiven oder negativen Form oder durch ähnliche Mittel anzudeuten.[1])

[1]) Hierüber s. Planck, Kommentar zum BGB., Vorbemerkungen zum allgemeinen Teil, unter V, S. 44 fg. Die dort über diesen Punkt gegebenen authentischen Mitteilungen betr. das von den Verfassern des Gesetzes plangemäß und folgerichtig in Bezug auf diesen Punkt durchgeführte Verfahren

c) Das Maß der Klarheit dagegen ist kein allzu hohes. Schon die Schwierigkeit und Vielgestaltigkeit moderner Lebens- und Rechtsverhältnisse steht dem im Wege. Einfache Normen aufzustellen, d. h. solche, welche für zahlreiche Unterarten von Fällen bloß eine unterschiedslos anzuwendende allgemeine Regel aufstellen, kann unser BGB. sich nur äußerst selten entschließen. Dazu kommt, daß die eben vorgetragenen, den Ansprüchen auf Kürze des Gesetzes förderlichen Maßregeln entgegengesetzt wirken in Bezug auf Klarheit. Der Stil des Gesetzes ist infolge derselben bisweilen ein schwerfälliger, künstlicher, dunkler. Wo sich aber solcher Druck nicht geltend macht, da ist er oft ein musterhafter; und durchweg wird man ihn schließlich als einwandsfreien bezeichnen müssen.

3. Die Redeform unserer Gesetze ist nicht etwa mehr, wie z. B. in der älteren Römischen Gesetzgebung, die imperativische. Vielmehr bedient sich unser Gesetz des einfachen Indikativ, um zu verkünden, welche Rechtsverhältnisse unter gewissen Bedingungen eintreten. Der große allgemeine Gesetzesimperativ steht stillschweigend überall dahinter — oder auch, wenn man will, ausdrücklich davor in der das Gesetz einführenden Formel („Wir . . (u. s. f.) . . verordnen . . . was folgt").

Darum freilich ist nicht etwa jedes Wort des Gesetzes der Gesetzeskraft teilhaftig. Gesetzesinhalt ohne Gesetzeskraft, sog. unverbindlichen Gesetzesinhalt[1]), haben wir vielmehr

führen zu Auslegungsregeln, welche sonst überaus leicht übersehen werden können. Es sollte kein Jurist an die Deutung und praktische Benutzung des BGB. herantreten, ohne sich hiermit vertraut gemacht zu haben. Man wird dies als geradezu unerläßlich bezeichnen dürfen und deshalb diese Seiten des Planckschen Kommentars als das weitaus Wichtigste, vielleicht das einzige wirklich Unentbehrliche, was außerhalb des BGB. zu seinem Verständnisse überhaupt zu holen ist. Daran ändert es nichts, daß wir selbstverständlich nicht etwa an den Plan der Redaktions-Kommission über diesen oder einen anderen Punkt, erst recht nicht an Plancks Mitteilungen darüber, mögen sie noch so zuverlässige sein, von Gesetzeswegen gebunden sind. Vielmehr sind wir ausschließlich gebunden nur an das, was tatsächlich im Gesetze zum Ausdruck gelangt ist. Man würde diesen Ausdruck nun aber für diese Beweisregelung im Gesetze wohl eben so wenig von selbst — wenigstens in den subtileren Fällen — finden, wie man, nachdem man durch die angeführten Planckschen Bemerkungen darauf aufmerksam gemacht worden ist, wird leugnen können, daß er regelmäßig, wenn schon nicht gerade immer tatsächlich da ist. Vgl. unten § 87, I, 3.

[1]) Eisele, i. d. Archiv f. civilistische Praxis, 69, 275 fg.

a) in den Titelüberschriften und dgl. Zusätzen des Gesetzes; und

b) in lediglich[1]) begriffsentwickelnden, erklärenden, programmatischen, doktrinären Äußerungen des Gesetzes, wie solche früher vielfach beliebt waren. Ein letzter Rest hiervon war es, wenn der erste Entwurf oft noch Anweisungen gab, wie einzelne Regeln systematisch einzuordnen und zu erklären seien, sich also auf die sogenannte „Konstruktion" seiner eigenen Vorschriften einließ. Daß hiervon die späteren Fassungen durchweg glücklich befreit sind, bezeichnet einen wesentlichen Gewinn. Indessen ist Einiges der Art unvermeidlich übrig geblieben.

4. Endlich bedarf es wohl kaum der Erwähnung, daß die Sprache des Deutschen Bürgerlichen Gesetzbuches möglichst deutsch ist. Fremdwörter sind durchweg vermieden, lieber werden neue Kunstausdrücke geprägt. Die Wörter fremder Wurzel, die noch vorkommen, z. B. juristische Person, Hypothek, dürfen als endgültig mit dem deutschen Bürgerrechte ausgestattet angesehen werden.

§ 8. Auslegung[2]).

1. Bei der Auslegung des BGB. ist vor allem, wie bei der Auslegung eines jeden Gesetzes, von dem Wortlaute auszugehen. Aber es ist dies keineswegs eine selbständige Operation, zu der etwa nur im Falle dabei auftauchender Schwierigkeiten weitere Operationen hinzuzutreten brauchten;[3]) sondern stets nur ein erster Schritt auf einer längeren Bahn. Denn wennschon man natürlich an das

[1]) Anders, wo die betr. Bestimmung Teil einer Rechtsvorschrift ist, deren Inhalt sich aus ihr mitergibt; hier nimmt sie, wie die gesetzlichen Begriffsbestimmungen, an der Rechtskraft jener Vorschrift mit teil.

[2]) Die Literatur darüber findet sich meist in den großen Hand- und Lesebüchern, namentlich auch des Pandektenrechts, s. etwa Windscheid-Kipp 1, §§ 20—24; vgl. aber namentlich auch Wach, Handbuch des Civilprozesses 1, §§ 20 fg., und Binding, Handbuch d. Strafrechts 1, §§ 95 fg., sowie Kohler, in Gruchots Zeitschrift 13, 1 fg. — Sonst etwa noch: Danz, ebenda, 24, 611 fg.; (vgl. auch: Danz, Auslegung der Rechtsgeschäfte); und G. Rümelin, Werturteile und Willensentscheidungen. — Anders: O. Bülow, Gesetz und Richteramt. — Und neuestens: Schloßmann, Der Irrtum, S. 34 fg. — Über Verbotsgesetze besonders: Endemann, Wirkung der Verbotsgesetze; Ivo Pfaff, Zur Lehre vom sog. in fraudem legis agere.

[3]) In den üblichen Wendungen ausgedrückt: Die bloße sog. „grammatikalische" Interpretation genügt nie, es muß stets die sog. „logische" hinzutreten, ja, beide sind gar nicht voneinander zu trennen.

Studium des Rechts und seiner Quellen nicht herantreten kann, ohne bei irgend einem einzelnen Gesetze zu beginnen; und an das Studium des einzelnen Gesetzes nicht, ohne bei irgend einem seiner Paragraphen zu beginnen: so wird das Ergebnis dieses Studiums doch so lange nur als ein vorläufiges gelten dürfen, bis man das Ganze übersieht; und es wird dann abermals, aus der gewonnenen Kenntnis des Ganzen hervor, jede Einzelheit einer gründlicheren Auslegung unterzogen werden müssen, ehe man zu zuverlässigen brauchbaren Ergebnissen gelangt, betreffend auch nur noch so untergeordnete Punkte, die zunächst einer selbständigen Behandlung fähig erschienen.

a) Es gilt das schon in Bezug auf die Bedeutung der einzelnen Wörter und Satzglieder, wo zum Verständnisse Kenntnis des Sprachgebrauchs des Gesetzes unerläßlich ist. Selbst solche Wendungen, die zunächst ganz eindeutig erscheinen, hinter welchen man weiter nichts Besonderes zu suchen sich veranlaßt findet, so lange man sie allein vor sich hat, können dann besondere Beleuchtung in überraschender Weise gewinnen.

b) Es gilt erst recht bei der Feststellung des Sinnes der einzelnen Bestimmung. Manche Deutung wird uns erst in ihrer Möglichkeit, manche erst in ihrer Richtigkeit klar aus dem weiteren Zusammenhange, auf die wir vorher gar nicht verfielen oder die wir, dem bloßen Wortlaute der einzelnen Stelle nach, als die unrichtige ansehen mußten. Denn natürlich ist stets diese Deutung aus dem Wortlaut der gesamten Gesetzgebung der Deutung aus dem Einzelwortlaute vorzuziehen; das ist es, was man meist ungenau dahin ausdrückt, daß der Sinn des Gesetzes seinem Wortlaut vorgehe.

c) Endlich aber ist der, selbst vollkommenen erschöpfenden und richtigen, Deutung der einzelnen Stelle überhaupt weiter nichts zu entnehmen, als daß das Gesetz an dieser Stelle dies oder jenes sagt; ob nicht dasselbe Gesetz an anderer Stelle, ob nicht ferner noch manches andere gültige Gesetz über dieselbe Materie, über dieselbe Frage, über denselben praktischen Fall Einschlägiges enthält, kann man erst wissen, wenn man das Ganze übersieht. Meist wird man dann finden, daß zahlreiche Bestimmungen von den verschiedensten Seiten herangeholt werden müssen, daß diese sich gegenseitig beleuchten oder durchkreuzen, ausdehnen oder einschränken. Dann sind eben die einzelnen Bestimmungen „extensiv" oder „restriktiv" auszulegen, wie man zu sagen pflegt; genauer gesagt, es ergibt sich ihr Sinn als ein weiterer oder engerer aus dem Zusammenhang des Ganzen.

d) Entscheidend bei alledem ist der organische Zusammenhang zwischen jedem Satzteile eines Paragraphen und dem ganzen geltenden Recht in seinem Gesamtumfange. Höchstes Prinzip und höchster Gewinn der Auslegung ist deshalb Einordnung der einzelnen Regel in das Ganze und Aufbau eines Ganzen aus den einzelnen Regeln. Erst so erschließen sich die einzelnen Gesetzesstellen in ihrem wahren und vollen Sinne.[1])

e) Entsteht so aus der Auslegung ein Rechtsganzes, ein Rechtssystem, so sind schließlich aus dem Geiste dieses Systems, durch wahrhaft schöpferische, ausdehnende, analoge Auslegung herzuleiten die im Gesetze mangelnden Bestimmungen, deren das Rechtsleben nicht entraten kann. Dabei handelt es sich wieder um ein Doppeltes:

aa) Gewisse oberste, leitende Prinzipien pflegen vom Gesetzgeber nicht aufgestellt, sondern der wissenschaftlichen Induktion überlassen zu werden. Diesen legt dann die analoge Auslegung Geltung bei, auch über das Gebiet des Induktionsmaterials hinaus. Die Zahl und die Bedeutung solcher Rechtssätze, die nirgendwo ausdrücklich stehen (noch auch gewohnheitsrechtlich sind), und doch gelten, ist nicht zu unterschätzen.[2])

bb) Es mag sich aber auch um Einzelheiten handeln, für die das Gesetz eine sog. Lücke läßt.[3]) Zwar sind solche Fälle nicht eben häufig, indem man vielfach irrig, wo das Gesetz die Entscheidung in sich trägt, wo man diese aber nicht billigt, eine Lücke annimmt, um sich über jene Entscheidung hinwegzusetzen. Es gibt aber auch allerdings echte Lücken, wo das Recht selbst eine Entscheidung verlangt, ohne sie zu liefern. Da bleibt eben nur analoge Auslegung aus dem Geiste des Ganzen übrig.

2. Außer diesen, bei der Auslegung eines jeden Gesetzes gültigen Anschauungen pflegen sich für die Deutung jedes besonderen, namentlich längeren oder bedeutsameren Gesetzes besondere Regeln oder

[1]) Oder wieder in der überlieferten Wendung, vgl. soeben oben S. 27 Note 3: grammatikalische und logische Interpretation genügen nie, es muß stets die sog. „wissenschaftliche" hinzutreten, ja diese drei sind gar nicht voneinander zu trennen.

[2]) Vgl. z. B. unten § 9, V, 3 u. 4, Note; oder unten § 10, II, 2 z. A.

[3]) Zitelmann, Lücken im Recht, Bonner Rektoratsrede 1902.

Rücksichten aus seiner Sondernatur zu ergeben. Für das BGB.[1]) mag man in dieser Beziehung hervorheben:

a) Seine engen Beziehungen zum älteren, vorher in Deutschland gültig gewesenen Recht, sowie auch zu dessen Praxis und Wissenschaft. Solche Beziehungen, selbstverständlich zwischen jedem Recht vorhanden, in dem der Gesetzgeber aufgewachsen ist und dem, das er neu setzt, sind ja wie oben S. 23 ausgeführt, hier besonders stark. Sie beherrschen stillschweigend mancherlei im Sprachgebrauch (vgl. z. B. für „bürgerliches Recht" oben S. 11), wie in der sachlichen Regelung. Kenntnis dieser älteren Rechte, ihrer Kontroversen und ihres ganzen Entwicklungsganges ist also zu wahrhaft wissenschaftlicher wie zu wahrhaft praktischer Interpretation des neuen Rechts unerläßlich. In diesem Sinne ist dann aber auch die Literatur jener älteren Rechte bedeutsam; namentlich die jüngsten großen Lehrbücher der Pandekten, allen voran das Windscheidsche, kommen da in Betracht: denn sie sind für die Verfasser, besonders des ersten Entwurfes, vielfach direkt maßgebend gewesen. Dieselbe Rolle spielen bei einzelnen Materien einzelne hervorragende Monographien der älteren Rechte.

b) Seine allmähliche Entstehung, namentlich die leitenden Gegensätze zwischen den verschiedenen Entwürfen. Die aus dem ersten Entwurfe, selbst unverändert, in das Gesetz übernommenen Worte werden sich oft einer „duplex interpretatio" zu fügen haben.

c) Seine Neigung zu Genauigkeit und Kürze auf Kosten der Klarheit. Man wird so leicht keine Deutung verwerfen dürfen deshalb, weil sie überscharf wäre, die Worte des Gesetzes als auf Schrauben gestellt auffaßte. Man wird vielmehr umgekehrt das Gesetz möglichst scharf auszulegen haben, auch in solchen einzelnen Fällen, wo dies seitens der Gesetzgeber nicht so sehr wie sonst gewünscht, vielleicht gar ihnen unerwünscht sein sollte. Denn nicht die Absicht des Verfassers, hier oder dort etwas in das Gesetz hineinzugeheimnissen, ist bindend; sondern die infolge dieser Absicht ausgebildete und durchgehende Ausdrucksweise des Gesetzes selbst.

3. Überhaupt: nicht den Willen des Gesetzgebers hat die Auslegung zu finden und entwickeln, sondern lediglich den im Gesetze selbst verkörperten Willen des Gesetzes. Zwischen dem Gesetze eines unbeschränkten Monarchen und einem bürgerlichen Testamente mag die

[1]) Hölder, Die Auslegung des deutschen BGB., Programm 1898.

Ähnlichkeit bestehen, daß in beiden Fällen der innerliche Wille des Erklärenden der äußerlichen Erklärung vorgeht; bei uns ist Gesetz nur, was die verfassungsmäßigen Instanzen in verfassungsmäßiger Form zum Gesetze gemacht haben; also nicht einmal der in dieser Form nicht zum Ausdruck gelangte Wille aller einzelnen mitwirkenden Personen, einschließlich sämtlicher Mitglieder des Bundesrats und des Reichstages — selbst wenn ein solcher Wille als bei ihnen ausnahmslos, tatsächlich vorhanden sich jemals nachweisen ließe. Erstrecht nicht wird man den Willen des Gesetzes verwechseln dürfen mit dem Willen seiner Verfasser, welche ja von dem Gesetzgeber regelmäßig verschieden sind. Letzterer mag bei der Sanktionierung des Gesetzes etwas ganz anderes gedacht, ganz anderes gewollt haben, als jene. Das hindert denn aber doch wieder nicht, daß, wenn es den Verfassern tatsächlich gelungen ist, ihrem Willensinhalt in dem Wortlaute des Gesetzes festen Ausdruck zu verleihen, dieser Willensinhalt durch die Sanktionierung dieses Wortlautes Gesetz geworden ist.

Unter diesen Umständen kommt den Zeugnissen über den Willen aller bei der Gesetzes-Abfassung und -Sanktionierung beteiligten Menschen nur die Bedeutung zu, uns aufmerksam zu machen und hinzulenken darauf, ob es ihnen gelungen ist, diesen ihren Willensinhalt im Gesetze zum Ausdruck zu bringen. Das wird ja zweifellos sehr oft der Fall sein, namentlich hier, wo die Bemühung so vieler hervorragender, Sache und Sprache beherrschender Juristen darauf gerichtet war. Es wäre daher frevelhafter Übermut, wollte man sich unbekümmert über Winke zur Gesetzesauslegung hinwegsetzen, die in solchen Zeugnissen liegen; aber es ist umgekehrt leichtgläubige Unklarheit, wenn man diese Winke ungeprüft hinnimmt oder wenn man gar sie den Befehlen des Gesetzes gleich- oder überordnet.

Mit Recht pflegt man daher solche Zeugnisse als „Hilfsmittel der Gesetzesauslegung" zu bezeichnen. Wir besitzen ihrer für das BGB. eine nicht unbeträchtliche Masse, und zwar:

a) Motive zu dem ersten Entwurf, ausgearbeitet nicht von der ersten Kommission selbst oder von deren Mitgliedern, sondern von Hilfskräften, aber auf Grund der Kommissionsarbeiten; amtliche Ausgabe in 5 Bänden und Register, 1888.

b) Auszüge aus den Protokollen der Kommission für die zweite Lesung, im amtlichen Auftrage angefertigt von Achilles, Gebhard und Spahn, mit Register 7 Bände, 1897—1899.

c) Denkschrift zum Reichstagsentwurf nebst drei Anlagen, 1896.

d) Die Beratungen des Reichstages über das BGB. in dessen fortlaufenden stenographischen Berichten; dazugehörig die ebenso amtlich gedruckten Berichte der Reichstagskommission. All dies auch in besonderen Buchausgaben, 1896.

e) Die bisher aufgeführten Werke tragen (mehr oder weniger) amtlichen Charakter; man pflegt sie als die „Materialien zum BGB." zu bezeichnen.[1]) An Bedeutung ihnen gleichwertig sind aber auch private Zeugnisse über das, was man in den einzelnen Stadien der Gesetzes-Abfassung gewollt hat, und über die Mittel, welche man zum Ausdruck dieses Willens verwendet hat. Die Bedeutung solcher Äußerungen wächst, wenn sie von solcher Seite herrühren, die bei der Gesetzes-Abfassung persönlich maßgebenden Einfluß dauernd geübt hat; hier zu nennen vor allem diejenigen Abschnitte des Kommentars von G. Planck, welche dieser hochverdiente Generalreferent der zweiten Kommission selbst bearbeitet hat.[2])

4. Hilfsmittel zur Auslegung des Bürgerlichen Gesetzbuches und damit zum Verständnisse des jetzt gültigen bürgerlichen Rechts überhaupt ist dann aber selbstverständlich ferner die gesamte Literatur über dasselbe. Eine vollständige Zusammenstellung derselben gibt Georg Maas, Bibliographie des Bürgerlichen Rechts, Berlin 1899, mit jährlichen Nachtragsbänden.

5. Endlich kommen hinzu seit dem 1. Januar 1900 ergangene Entscheidungen höherer und höchster Gerichte aus dem Gebiete des bürgerlichen Rechts. Diejenigen des Reichsgerichts sind natürlich besonders maßgebend;[3]) man findet sie in den „Entscheidungen des Reichsgerichts", die bei diesem selbst herausgegeben werden. Andere

[1]) Alle erschienen zu Berlin, bei J. Guttentag. Zusammenstellung des Wichtigsten daraus zu den einzelnen Paragraphen des BGB. in zwei Werken: Haidlen, BGB. nebst EG. mit den Motiven und sonstigen gesetzgeberischen Vorarbeiten, 5 Bde., 1897; und Mugdan, Die gesamten Materialien zum BGB., 5 Bde. u. Register 1899, EG. 1900.

[2]) Bereits angeführt wurde oben S. 25, Note 1 die wichtigste Stelle dieses Kommentars, 1, 43 fg.; s. außerdem die nächstwichtige 1, 20—27 über die technische Behandlung des Stoffes.

[3]) Die Lage ist ähnlich wie bei den Motiven: frevelhafter Übermut, sich über solche sog. „Präjudizien" und über die darin zum Ausdruck gelangenden Rechtsmeinungen des höchsten, zur Wahrung der Rechtseinheit berufenen Gerichtshofes unbekümmert hinwegzusetzen; leichtgläubige Unklarheit, sie deshalb ungeprüft als richtig hinzunehmen.

Sammlungen in der Literatur und namentlich in den juristischen Zeitschriften.

§ 9. Verhältnis zum älteren und zum fremden Recht.

I. Gegen älteres, nicht übergeordnetes Recht gilt selbstverständlich der Satz: Lex posterior derogat priori. Neues Recht hebt älteres auf, soweit beide nicht nebeneinander bestehen können, soweit sie sich absolut gegenseitig ausschließen, soweit man dem Befehle des älteren nicht gehorchen kann, ohne gegen den Befehl des jüngeren zu verstoßen. Soweit dagegen die Gebote beider Gesetze sich miteinander vereinigen lassen, soweit bleibt neueren Rechtsbildungen gegenüber das ältere Recht bestehen, wenn es nicht besonders aufgehoben wird. Namentlich bleiben ältere Regeln ganz besonderer oder ganz allgemeiner Natur bestehen neben widersprechenden, andersartigen, neuen Regeln, da man annehmen muß,[1]) daß das neue allgemeine Recht nicht die besonderen Eigentümlichkeiten umfassen, und ebensowenig das neue besondere Recht etwas anderes als eine Ausnahme zu der alten allgemeinen Regel hinzufügen will. Der Umfang, in dem altes durch neues Recht stillschweigend aufgehoben wird, ist demnach durchaus nicht immer leicht festzustellen; um so schwerer, je unübersichtlicher schon der bisherige Rechtszustand war und je größere Massen neuen Rechts hinzutreten. Schon daß in solcher Lage die Beantwortung der Frage, wie weit das alte Recht noch gilt, für jeden Einzelfall der Prüfung jedes Einzelnen überlassen bleibt, kann bedenklich werden. Daher im modernen Rechtsleben die starke Neigung zu voller Kodifikation im strengsten Sinne des Wortes, da ja dabei mit der Einführung des neuen Rechts die ausdrückliche, vollständige Beseitigung alles älteren Rechts für das ganze betreffende Rechtsgebiet verbunden ist, vgl. oben S. 13.

II. Kodifikation in diesem strengsten Sinne ist das BGB. nicht im Verhältnisse zum Reichsrecht. Vielmehr bestimmt Art. 32 des EinfGes. nur, daß die Vorschriften der Reichsgesetze in Kraft bleiben, insoweit sich nicht „aus dem BGB. oder aus diesem Gesetze die Aufhebung ergibt." — Dennoch aber ist hier die Gefahr der Verwirrung beseitigt durch folgende Maßregeln:

1. Durch Umarbeitung mehrerer mit dem Stoffe des BGB. sich

[1]) Man pflegt zu sagen: Lex generalis non derogat speciali; aber auch das Umgekehrte ist zutreffend.

nahe berührender Reichsgesetze unter Anpassung an das Recht des BGB., vgl. oben § 6, III.

2. Durch entsprechende Anordnungen des Einführungsgesetzes über die Wirkung des BGB. auf die einzelnen übrigen älteren Reichsgesetze, in Bezug auf welche man die Möglichkeit einer solchen Wirkung vorhergesehen hat, vgl. oben § 6, I, 4.

Das schließt freilich nicht aus, daß hier und da unerledigte Schwierigkeiten auftauchen mögen, aber doch wohl stets nur recht vereinzelt.

III. Dagegen Kodifikation im angegebenen strengsten Sinne ist das BGB. im Verhältnis zu den Landesrechten. Anlangend diese bestimmt Art. 55, daß ihre „privatrechtlichen Vorschriften" außer Kraft treten, „soweit nicht in dem Bürgerlichen Gesetzbuch oder in diesem Gesetz ein anderes bestimmt ist."[1])

1. Diese landesrechtlichen Vorschriften sind also aufgehoben, einerlei, ob sie in Widerspruch stehen mit denjenigen des BGB. oder nicht, ob sie besonderes oder allgemeines Recht enthalten, ob reichsrechtliche Normen zur Regelung ihres Gegenstandes bereitgestellt sind oder etwa mangeln sollten. Zum Landesrecht in diesem Sinne gehört alles Recht, das nicht Recht des neuen Deutschen Reiches ist, also selbstverständlich auch das alte gemeine Recht.

2. Diese ausdrückliche und vollständige Aufhebung des Landesrechts bezieht sich aber nur auf dessen privatrechtliche Vorschriften, vgl. oben S. 10 fg. Soweit also Landesgesetze, wennschon vorwiegend privatrechtlichen Inhaltes, die vielleicht sogar deshalb sich als Privatrechts-Kodifikationen selbst bezeichnen, mit jenem Inhalt vermischt, vielleicht sogar durch eine und dieselbe Wendung, die auch privatrechtliche Bedeutung hat, öffentlich-rechtliche Angelegenheiten regeln — soweit fallen sie nicht unter Art. 55. Soweit sind sie also nur dann aufgehoben, wenn sie inhaltlich neben dem neuen Reichsrecht unmöglich bestehen können, was regelmäßig nicht der Fall sein wird, indem ja das neue Reichsrecht plangemäß es vermeidet, öffentliches Recht zu berühren.

3. Die Aufhebung der privatrechtlichen Vorschriften der Landes-

[1]) Hier ergeben sich nun wieder mannigfache Schwierigkeiten aus dieser Ausnahme-Bestimmung. S., außer der sofort unten zu IV. anzuführenden Literatur, Zitelmann, „Zum Grenzstreit zwischen Reichs- und Landesrecht", Bonner Programm 1902, und ferner etwa noch Fuld, in Gruchots Beiträgen, 33, 628 fg. —

rechte wird durchbrochen durch eine Reihe von Ausnahmen. Die meisten derselben zählt das EinfGes. auf in Art. 56—152 [1]), einzelne kommen auch im BGB. selbst vor. Es handelt sich

a) entweder darum, daß die Reichsgesetzgebung die Behandlung ganzer Materien ablehnt, vgl. oben § 7 unter I 3; oder

b) darum, daß auch innerhalb solcher Materien, die reichsrechtlich geregelt sind, es dem Landesrecht anheimgegeben wird, von der reichsrechtlichen Regelung nach dieser oder jener Seite, mehr oder weniger, in dieser oder jener Einzelheit abzuweichen; so daß hier also ganz ausnahmsweise das Landesrecht dem Reichsrechte vorgeht, aber freilich immer nur zufolge Einräumung eines solchen Vorzuges von seiten des letzteren; vgl. z. B. Art. 141 oder § 907 Abs. 1 Satz 2.

4. Soweit darnach landesrechtliche Vorschriften in Kraft bleiben, welche sich auf andere, außer Kraft getretene landesrechtliche Vorschriften beziehen, soweit treten an Stelle letzterer die entsprechenden Vorschriften des Reichsrechts, Art. 4. Stillschweigende selbstverständliche Bezugnahme einzelner in Kraft bleibender Fragmente des alten Landesrechts auf das Ganze, dem sie angehörten, wird jedoch nur mit allerpeinlichster Vorsicht durch Bezugnahme auf das Ganze des neuen bürgerlichen Rechts ersetzt werden dürfen; vielfach wird man nur dann zu sinngemäß vernünftigen Ergebnissen kommen, wenn man, soweit zum Verständnisse jener Stücke nötig, einen gewissen Fortbestand ihres ursprünglichen Rechtshintergrundes durch sie annimmt.

5. Angeregt durch das Vorgehen der Reichsgesetzgebung, haben wohl die Territorien ihrerseits gesetzlich festzulegen unternommen, welche Normen ihrer alten Civilgesetze noch in Kraft sind, welche außer Kraft treten; so das preußische AusfGes. zum BGB. in Art. 89 unter 31 Nummern, betreffend namentlich das Allg. Landrecht und den code civil. Die bestimmt genannten Abschnitte und Paragraphen des Gesetzes werden da aufgehoben oder von der Aufhebung ausgenommen. Die Bedeutung einer solchen Territorial-Norm ist verschieden.

a) Soweit das dort Bestimmte sachlich mit den Folgen der Bestimmungen des Reichsrecht (soeben Nr. 1—4) übereinstimmt, ist es nicht wirksam — denn was der Mächtigere schon beseitigt hat, kann

---

[1]) Vgl. oben § 6 unter I 5; man hat wohl diese Artikel als die „Verlustliste der bürgerlichen Rechtseinheit" bezeichnet.

nicht noch einmal von dem Geringeren beseitigt werden —, aber soweit ist es auch harmlos; es dient unter Umständen soweit der Bequemlichkeit und Klarheit.

b) Soweit das dort Bestimmte von den reichsrechtlichen Bestimmungen abweicht, ist wieder zu unterscheiden nach welcher Seite. Sind Rechtssätze, die das Reichsrecht aufhebt, als fortbestehend erklärt, so ist dies bedeutungslos: sie sind und bleiben beseitigt. Sind aber umgekehrt Rechtssätze, die neben dem Reichsrechte zweifellos oder vielleicht noch bestehen könnten, aufgehoben, so sind diese Rechtssätze nunmehr zweifellos aufgehoben. Hierin liegt die besondere praktische Bedeutung solcher landesrechtlicher Bestimmungen: soweit sie altes Landesrecht aufrecht erhalten, entheben sie uns nicht der Nachprüfung, ob es noch gilt; soweit sie es aber aufheben, entheben sie uns der Nachprüfung, ob es schon durch Reichsrecht aufgehoben war; und erledigen Zweifel, die hierbei übrig bleiben könnten.

IV. Übergangsbestimmungen.[1] — Älteres Recht, das sonst beseitigt ist, gilt vielfach weiter für Rechtsverhältnisse, die aus dem älteren Rechtsleben herrühren. Vergl. oben § 2 Nr. 4. Man pflegt zu sagen, Gesetze haben keine rückwirkende Kraft; d. h. sie wollen es vermeiden, sich solche beizulegen, um nicht Recht zu Unrecht zu machen und Verwirrung statt Ordnung zu schaffen. Wie weit aber deshalb das alte Recht gültig bleiben soll, das muß das neue Recht im einzelnen bestimmen, da jener allgemeine Satz von der Nicht-Rückwirkung unklar und nach allen Seiten dehnbar ist. Er ist Leitmotiv für den Gesetzgeber, kennzeichnend für den Gesetzesinhalt, nicht aber selbst Rechtens.

Eine Anzahl von Rechtssätzen über diese Frage, soweit sie durch die Einführung des BGB. brennend wurde, sog. Übergangsbestimmungen, gibt das Einführungsgesetz im IV. Abschn., vergl. oben § 6, I 6. Das Verständnis der einzelnen dort gegebenen Vorschriften setzt Kenntnis des neuen Rechts selbst voraus. Wir müssen uns

[1]) Habicht, Die Einwirkung des BGB. auf zuvor entstandene Rechtsverhältnisse. 3. Aufl. — Niedner, Kommentar des Einführungsgesetzes, IV. Abschnitt. — Lehmann i. d. Zeitschr. f. Handelsrecht 48, 1 fg. — Fuchs, in Gruchots Beiträgen 44, 1 fg. — Affolter, System des deutschen bürgerlichen Übergangsrechts, 1903. Über das Verhältnis der örtlichen und zeitlichen Anwendungsnormen zueinander besonders Zitelmann, i. d. dogmatischen Jahrbüchern, 42, 189 fg.; u. Kahn, ebenda, 43, 299 fg.

deshalb hier begnügen mit dem Versuche, daraus folgende Haupt-Maximen zu entnehmen und vorzuführen:

1. Für die Frage, ob unter der Herrschaft des alten Rechts ein Rechtsverhältnis bereits vollständig begründet oder bereits vollständig untergegangen war, kommen nur die alten Rechtssätze; für die Frage, ob es seither sich verändert hat oder untergegangen ist, regelmäßig nur die neuen Rechtssätze in Betracht. Für Zwischenfälle, die am 1. Januar 1900 unabgeschlossen in der Entstehung oder im Untergange begriffen waren, läßt sich keine allgemeine Regel angeben.[1]

2. Besteht darnach ein früher entstandenes Recht weiter, so fragt es sich, mit welchem Inhalt. Handelt es sich um ein auf kürzere Dauer berechnetes Rechtsverhältnis, dessen Inhalt, wenn es nach neuem Recht entstanden wäre, freier Verfügung der Beteiligten unterläge (z. B. um ein Forderungsrecht), so pflegt sich der Inhalt weiter nach dem alten Recht zu richten. Handelt es sich dagegen um ein zu unbegrenzter Dauer berufenes Rechtsverhältnis (z. B. um Eigentum), so pflegt an Stelle des alten Rechtsinhalts neuer Rechtsinhalt zu treten, entnommen einem möglichst wesensähnlichen Rechtsverhältnisse des neuen Rechts: denn sonst würde hier ja das neue Recht tatsächlich kaum je zur Herrschaft gelangen. Ebenso tritt neuer Rechtsinhalt ein, wenn es sich um ein Rechtsverhältnis handelt, dessen Inhalt nach neuem Recht der Verfügung der Beteiligten entrückt ist (z. B. persönliche Beziehungen zwischen Ehegatten). Denn hier soll eine andere als die neurechtliche Inhaltsbestimmung nicht mehr geduldet werden.

3. Unbedingt greifen aus dem neuen Recht durch solche Regeln, durch die es beansprucht, unerträglich gewordenen Verhältnissen abzuhelfen, in diesem Sinne[2]) einen wesentlichen Fortschritt über das alte Recht hinaus nach der Seite der Sittlichkeit oder des öffentlichen Wohles zu verwirklichen. Dieser Gesichtspunkt wird in seinen Ergebnissen oft mit den Ergebnissen des soeben unter 2 z. E. vorgetragenen Gesichtspunktes zusammenfallen.

4. Endlich beherrscht das neue Recht ausschließlich und in jeder Beziehung Rechtsverhältnisse, deren rechtliche Entstehung erst unter ihm beginnt, mögen auch Aussichten, Hoffnungen, rechtliche Möglichkeiten dieser Entstehung schon früher vorhanden gewesen sein.

---

[1]) Vielleicht kann man mit Cosack, Lehrbuch 1, 46 Nr. 4 sagen, daß jede Tatsache nach dem zu ihrer Zeit geltenden Recht zu beurteilen ist.

[2]) Vgl. sofort unten V, Note 2.

V. Internationales Privatrecht.[1]) — Ähnlich wie vergangenes gilt bisweilen bei uns fremdes Recht auf Befehl unseres Rechts, vergl. oben § 2, Nr. 4. Wieder läßt sich dies durch einen Leitsatz ausdrücken, durch den Satz nämlich, daß für jedes Rechtsverhältnis das Recht des Ortes gilt, wo dieses Rechtsverhältnis seinen Sitz hat. Wieder aber ist auch dieser Leitsatz recht unbestimmt und dehnbar, während andererseits Genaueres erst nach Darstellung der einzelnen Rechtsverhältnisse verständlich wird. Als allgemeine Maximen unseres Rechts, wie es für diese Materie wesentlich, wennschon recht unvollständig durch Art. 7—31 festgelegt ist,[2]) mögen deshalb hier wieder nur folgende mitgeteilt werden.

1. Die Geschäftsfähigkeit einer Person und ähnliche persönliche Verhältnisse werden beurteilt nach dem Gesetze des Staates, dem die Person angehört, Art. 7; also z. B. derartige Verhältnisse eines Engländers auch in Deutschland nach englischem Recht.

2. „Die Form eines Rechtsgeschäfts bestimmt sich nach den Gesetzen, welche für das den Gegenstand des Rechtsgeschäfts bildende Rechtsverhältnis maßgebend sind. Es genügt jedoch die Beobachtung des Gesetzes des Ortes, an dem das Rechtsgeschäft vorgenommen wird." (Art. 11 Abs. 1 EinfGes. z. BGB.)

3. Der Inhalt von Schuldverhältnissen richtet sich vielfach nach dem ausländischen Ort der Erfüllung, bisweilen auch der Entstehung.

4. Rechtliche Vorgänge an Grundstücken unterliegen regelmäßig dem Rechte des Landes, in dem diese liegen.[3])

---

[1]) Zitelmann, Internationales Privatrecht, 2 Bde., mit Epoche machender begrifflicher Grundlegung. — Positiv-rechtlicher: Niemeyer, Das in Deutschland geltende internationale Privatrecht. — Barazetti, Internationales Privatrecht. — Stoerk, Leitfaden des int. Privatrechts. — v. Bar, Theorie und Praxis des int. Privatrechts. — Außerdem wichtig: Kahn, Abhandlungen aus dem int. Privatrecht in d. dogm. Jahrbüchern 39, 1 ff.; 40, 1 ff.; 42, 309 ff. u. 43, 209 ff. — Neumann, Prinzipielle Gesichtspunkte, in Gruchots Beiträgen 46, 67 ff. — Ältere Literatur: s. namentlich v. Savigny, System des heutigen Römischen Rechts, 8, Kap. 1 (S. 1—367).

[2]) Vergl. oben § 6 I 3 und § 5 III 4 Note 1. — Soweit diese Bestimmungen Lücken lassen, ist die Entscheidung womöglich anders woher, im Notfalle nach den Regeln der analogen Auslegung (s. oben § 8, 1 c bb), zu entnehmen.

[3]) Diese beiden Sätze ergeben sich mangels ausdrücklicher Gesetzesbestimmung auf dem in vorstehender Note hervorgehobenen Wege; sie sind allgemein als gültig angenommen.

5. Ehen zwischen einem Deutschen und einer Ausländerin, desgleichen Ehen Deutscher im Auslande beurteilen wir in sehr weitgehendem Maße nach deutschem Recht. Für die Verhältnisse ehelicher Kinder ist meist die Nationalität des Vaters, für diejenigen unehelicher Kinder die der Mutter entscheidend, Art. 13 fg.

6. Für rechtliche Behandlung der Erbschaft ist nicht der Ort des Todes, sondern die Nationalität des Verstorbenen maßgebend. Art. 24 fg.

7. „Die Anwendung eines ausländischen Gesetzes ist ausgeschlossen, wenn die Anwendung gegen die guten Sitten oder gegen den Zweck eines deutschen Gesetzes verstoßen würde." Art. 30.[1])

§ 10. Verhältnis zu anderen Rechtsquellen.

Unter „Rechtsquelle" verstehen wir diejenigen Vorräte menschlicher Energie, welche einem beliebigen Rechtsstoffe (vergl. oben S. 22) Ansehen und Macht eines Rechtssatzes zu verleihen (ihn zu „sanktionieren") vermögen.

I. Gesetzesrecht. — In unseren Verhältnissen ist hauptsächliche Rechtsquelle dieser Art[2]) der Staat durch seine Gesetzgebung. Ihr entspringt unter anderm das BGB. selbst. Über dessen Verhältnis zu älteren Gesetzen ist im vorigen Paragraphen genügend gehandelt. Hier erübrigt die Frage, wie weit die Gesetzgebung neues Recht auf dem durch das BGB. eingenommenen Gebiete nach dem 1. Januar 1900 noch zu schaffen vermag.

1. Der Reichsgesetzgebung steht dies in jeder Beziehung und jederzeit frei; sie kann sich nicht selbst binden.

2. Der Landesgesetzgebung bleibt Betätigungsraum in demselben Umfange, in welchem ihre älteren Erzeugnisse in Geltung bleiben; nur soweit, aber soweit durchweg; Art. 3 u. 218, vergl. oben § 9

---

[1]) Hier ist diese Regel vom Gesetz ausdrücklich aufgestellt und schon deshalb zweifelloser und rücksichtsloser durchzuführen als eigenem alten Recht gegenüber; den Bedenken in letzterer Beziehung, welche Cosack, Lehrbuch Bd. 1, § 13, IV, 2, äußert, sucht die Fassung oben IV, 3 Rechnung zu tragen.

[2]) Im übertragenen Sinne versteht man nämlich oft wieder unter „Rechtsquelle" jede sinnlich wahrnehmbare Rechtserkenntnisquelle; namentlich das Schrift- oder Druckstück, das den Text des Gesetzes veröffentlicht, sodaß wir uns daraus „quellenmäßige" Rechtskenntnis zu verschaffen vermögen, im Gegensatze zu kürzenden oder umschreitenden Berichten über das Gesetz in literarischen Werken.

III u. IV. Außerhalb dieses Raumes kann nicht einmal an einer Betätigung neben dem Reichsrecht zu dessen Ergänzung, wo es stillschweigt, die Rede sein. Wo es stillschweigt, kann es vielmehr nur aus sich selbst hervor (durch Auslegung) oder durch späteres Reichsrecht ergänzt werden.[1])

3. Neuere ausländische Gesetze werden wir, nachdem sie im Auslande in Kraft getreten sind, anwenden, wo unser internationales Privatrecht Anwendung dieses ausländischen Rechtes vorschreibt, s. oben § 9, V.

II. Gewohnheitsrecht.[2]) — Der Staat, von dessen Gesetzgebung wir bisher überwiegend gesprochen haben, ist nun aber bekanntlich keineswegs einzige Rechtsquelle. Daneben wirkt in älteren Perioden mindestens gleich ergiebig, heute weniger reich sprudelnd, aber immer noch beachtenswert, eine zweite Quelle: die Gewohnheit des Volkes oder doch wenigstens weiterer Volkskreise, soweit sie auf Rechtsüberzeugung beruht. Recht, das aus dieser Quelle fließt, nennen wir Gewohnheitsrecht.

1. Wenn in einem weiteren Kreise von Menschen eine gewisse Rechtsüberzeugung vorhanden ist, d. h. die Überzeugung, daß ein gewisses äußeres Verhalten behufs vernünftiger und anständiger Ordnung ihrer äußeren Verhältnisse geboten sei, und wenn dann diese Überzeugung sich durch längere gleichförmige Übung geltend macht, d. h. also dadurch, daß jenes Verhalten wirklich von allen Seiten vorgenommen wird, so erhält die in dieser Überzeugung und Übung ausgedrückte Regel einen solchen Nachdruck und ein solches Ansehen, daß sie zur Regel des geltenden Rechts wird, zur Rechts-

---

[1]) Die alte Dreiteilung secundum jus — praeter jus — contra jus wird aufzugeben sein. Was nicht secundum, das ist contra jus; der unklare Begriff des praeter hat stets nur der Verschleierung konträrer Rechtsbildung gedient. Ebenso Hölder, a. a. O., S. 52 Abs. 2.

[2]) Puchta, Das Gewohnheitsrecht, 2 Bde., 1828, 1837. — v. Savigny, System, 1 §§ 8 fg. — Beseler, Volksrecht und Juristenrecht, 1843. — Neuere Literatur: Zitelmann, im Archiv f. civil. Praxis, 66, 323 fg. — G. Rümelin, Dogm. Jahrbücher, 27, 153 fg. — Schuppe, Gewohnheitsrecht. — B. Schmidt, Gewohnheitsrecht als Form des Gemeinwillens. — Neukamp, in Kohlers Archiv, 12, 89 fg. — Crome, Dogm. Jahrbücher, 39, 323 fg. — Sturm, Revision der gemeinrechtlichen Lehre vom Gewohnheitsrecht. — Geschichtlich: S. Brie, Lehre vom Gewohnheitsrecht, Teil 1. — A. Pernice, Parerga, X und Nachtrag. — Rechtsphilosophisch: Bergbohm, Jurisprudenz und Rechtsphilosophie 1, 502 fg.

regel. Wollte der Staat eine solche gewohnheitsrechtliche Regel unterdrücken oder auch nur leugnen, so träte Ansehen gegen Ansehen, Ordnung gegen Ordnung; und wenn dann selbst in diesem Ringen Ansehen und Ordnung des Staates Sieger blieben, was keineswegs unbedingt sicher ist, so gingen sie doch jedenfalls geschwächt und zerrüttet daraus hervor. Umgekehrt stützen beide Mächte einander durch gegenseitige Förderung. Deshalb erkennt der Staat die Gewohnheit neben der Gesetzgebung als Rechtsquelle an, soweit sie die nötige selbständige Macht, sich in ständiger Übung durchzusetzen, sattsam geäußert hat. In solchem Falle stellt dann sogar der Staat seinen Vollzugszwang, wenn es nun zum Gewohnheitsrechtsbruche kommt, ebensosehr dem Gewohnheitsrechte, wie sonst dem gebrochenen Gesetzesrechte zur Verfügung, schon um diesen Zwang ganz in der Hand zu behalten, da andernfalls das empörte Rechtsbewußtsein der Menge sich selbst Befriedigung verschaffen könnte (Volks- oder Lynchjustiz!). Auf diese Weise tritt das Gewohnheitsrecht vollkommen gleichberechtigt ein in des Kreis des geltenden Rechtes.

2. So auch in den Kreis des geltenden gemeinen bürgerlichen Reichsrechts, das sich mit Fug hierüber garnicht äußert und eben damit die selbständige, ebenbürtige Macht des Gewohnheitsrechts auf das beredteste anerkennt.[1]) Folge davon ist:

a) Bestehendes Gewohnheitsrecht ist vom 1. Januar 1900 ab ebensoweit beseitigt, wie damals bestehendes Gesetzesrecht, vergl. Art. 2, d. h. das ganze Reich umfassende Gewohnheiten (Reichsgewohnheitsrecht) nur soweit, wie ihnen jüngeres Reichsrecht widerspricht; Gewohnheiten kleinerer Kreise (partikuläres Gewohnheitsrecht) schlechthin soweit, wie sie bürgerliches Recht betreffen, es käme ihnen denn (vgl. oben S. 35) die Ausnahmebestimmung Art. 55 fg. zu gute. Unter diese Ausnahmen fallen sowohl die dem Landesrechte vorbehaltenen Gebiete, wie ferner auch solche Fälle, wo das neue Gesetzesrecht auf Gewohnheitsrecht sich beruft, ausdrücklich oder stillschweigend.[2]) Über diesen

---

[1]) Anders war man in Entwurf I verfahren, wo man, im Anschluß an ähnliche ältere Versuche gesetzgeberischer Eifersucht, gewähnt hatte, das Gewohnheitsrecht einfach verbieten oder eindämmen zu können. Das geltende Recht spricht nur aus, Art. 2, daß „Gesetz“ in seinem Sinne ist jede Rechtsnorm, d. h. also auch eine jede gewohnheitsrechtlich gesetzte, vergl. z. B. sofort im Text einen Anwendungsfall hiervon.

[2]) Dafür bisher nur zwei Fälle angegeben, beide überdies zweifelhafter Art: § 919 Abs. 2, vgl. Endemann, Lehrbuch, § 9 Note 21; u. § 97 Abs. 1,

Punkt herrscht allgemeine Übereinstimmung. In solchen Fällen gesetzlicher Bezugnahme ist übrigens nicht einmal immer eigentliches Gewohnheitsrecht notwendig, sondern es genügt da auch bloße Übung, ohne die dahinterstehende Macht einer selbständigen Rechtsüberzeugung; indem dann statt derselben die Macht des Gesetzes infolge jener Bezugnahme sanktionierend eintritt.[1])

b) Soweit nach den bisherigen Ausführungen bestehende Gewohnheitsrechte erhalten bleiben, soweit können sich zweifellos auch neue bilden, reichsrechtlich wie partikulärrechtlich. Auch für diese Gleichstellung ist Art. 2 maßgebend.

c) Wie aber steht es um neues Gewohnheitsrecht, das dem neuen Reichsrecht widerspricht?[2]) Bricht solches Gewohnheitsrecht Reichsrecht oder wird es durch dieses erstickt? Die Frage ist überaus bestritten, aber nur einer Antwort fähig: Tatsachen entscheiden. Setzt solches Gewohnheitsrecht sich durch, so ist die Rechtsänderung vollzogen. Fraglich kann nur sein, ob die hierzu nötige Kraft bei einer Gewohnheit unserer Tage sich tatsächlich einstellen wird; stellt sie sich ein, so ist damit auch die Rechtsfrage entschieden. Und zwar gilt dies nicht nur für Reichsgewohnheitsrecht, das älterem gesetzlichen Reichsrecht widerspricht, ihm aber als jüngeres Recht gleichen Ranges vorgeht; sondern auch trotz allen Widerspruchs für partikuläres Gewohnheitsrecht, das sich auf das der partikulären Rechtsbildung durch Reichsrecht verschlossene Gebiet vorwagt. Gewohnheitsrecht letzterer Art müßte freilich, um sich durchzusetzen, nicht nur den einen oder andern Satz des geltenden bürgerlichen Rechts, sondern auch den Grundsatz des öffentlichen Reichsrechts sprengen, wonach Reichsrecht allem partikulären Recht vorangeht. Man kann bezweifeln, ob es dazu

---

vgl. Schloßmann in d. dogm. Jahrbüchern 41, 289 fg. In beiden Fällen mag es sich auch um bloße Übung handeln, vergl. den übernächsten Satz des Textes. Allgemein anerkannt ist, daß es sich bloß um Übung ohne gewohnheitsrechtliche Kraft handelt, für die „Verkehrssitte" des § 157.

[1]) Damit ist zugleich der Unterschied gekennzeichnet zwischen eigentlichen Gewohnheitsrechten einerseits, bloßen Ortsgebräuchen, Verkehrsgewohnheiten oder dergl. andererseits. Auch bloßer Gerichtsgebrauch schafft noch kein Gewohnheitsrecht und ebensowenig bedarf es seiner, damit ein solches Recht durchdringe; anders Hölder a. a. O. S. 52 bezügl. letzteren Punktes; Bülow, Gesetz und Richteramt bezüglich ersteren Punktes.

[2]) Als widersprechendes Gewohnheitsrecht erscheint auch solches, das ihm nicht überlassene Lücken selbständig zu füllen unternimmt, s. oben S. 40 Note 1 und Text dazu.

kommen wird; man kann hoffen, daß die Empfindung für Rechts- und Reichseinheit im Volke stark genug sein wird, um gar keine solche Strömung aufkommen zu lassen;[1]) aber die absolute Möglichkeit wird sich kaum verkennen lassen.

III. Autonomie.[2]) — Neben den beiden Rechtsquellen, welche aus eigener Kraft Recht zeugen, besitzen wir in Deutschland eine Rechtsquelle, welche, ehemals gleichfalls selbständig, heute nur noch zufolge gesetzlicher Zulassung[3]) Sätze von allgemein rechtlich verbindlicher Kraft hervorzubringen vermag; ebenso bestehen die früher aus dieser Quelle hervorgegangenen Rechtssätze nur noch fort, soweit sie durch landes- oder reichsgesetzliche Autorität getragen werden. Es handelt sich um die Befugnisse der landesherrlichen Familien oder auch einzelner privilegierter Privater, sich selbst Recht (im alten Sinne des Wortes) zu setzen, die sog. Autonomie derselben.

1. In Ansehung der Landesherren und der Mitglieder ihrer Familien gehen hier nicht nur die Landesgesetze, sondern auch Hausverfassungen (bereits bestehende oder neu zu erlassende) dem Reichsrecht vor, Art. 57. Diesen tatsächlich regierenden Familien sind ebenda einige wenige nicht mehr regierende gleichgesetzt.

2. Ehemals reichsständische oder reichtsritterschaftliche und ihnen gleichgestellte Familien behalten ihr Privileg der Autonomie, soweit die Landesrechte ihnen ein solches einräumen und fernerhin belassen, jedoch nur in Ansehung ihrer Familienverhältnisse und ihrer Güter, Art. 58. Damit hat man die ehemals in der deutschen Bundesakte (Art. 14 derselben) den sog. Mediatisirten gemachte Zusage aufrecht erhalten auch für das Recht des neuen Deutschen Reichs, ohne dazu irgendwie verpflichtet zu sein; denn dieses ist Rechtsnachfolger weder

---

[1]) Nicht mehr als ein solcher Wunsch ist sachlich, was der lebhafteste Kritiker der entgegengesetzten Ansicht, Crome, vorbringt zu Ende der Note 6 in seinem Lehrbuch 1, 85 fg. Diesem Wunsche als solchem schließe ich mich gerne an; aber ich verschließe mich deshalb nicht der Möglichkeit unerwünschter Vorkommnisse.

[2]) Nur ältere Literatur: Vgl. etwa Stobbe, Lehrbuch des deutschen Privatrechts, 1, § 19 fg.; Gierke, ebenso, 1, § 19; Brunner, in Holtzendorffs Rechtslexikon s. h. v. — Außerdem: Heffter, Die Sonderrechte der souveränen und reichsständischen Häuser Deutschlands, 1871.

[3]) Von der nötigen Befehlsgewalt, der rechtsetzenden Kraft besitzen heute nicht mehr, wie ehemals, die autonomieberechtigte Familien den genügenden Energievorrat; sie sind dafür auf das angewiesen, was ihnen der Staat aus seinem Vorrate zur Verfügung stellt.

des alten Römischen Reiches deutscher Nation, noch des Deutschen Bundes. Eben deshalb ist denn aber auch jene Zusage nur gegeben, soweit ihr die Landesgesetzgebung Geltung beilegt und fürderhin belassen will.

3. In beiden Fällen können die autonomen Rechtssätze sich nicht nur durch ausdrückliche, gesetzesartige Erklärung seitens der dazu befugten Organe der betreffenden Familien gebildet haben oder weiter bilden, sondern auch durch Übung mit Rechtsüberzeugung innerhalb dieser Familien, sog. Observanz.

4. Sätze, welche solchen besonderen Rechtsordnungen des sog. „hohen Adels" durchweg gemeinsam sind, pflegte man zu einem besonderen System des „Deutschen Privatfürstenrechts" im alten Reichsrecht zusammenzufassen;[1]) und dann hat wohl wieder dieses zunächst nur abstrakt-wissenschaftliche System für manche autonome Familien, ausdrücklich oder auf dem Wege der Observanz, subsidiäre Gültigkeit hinter den besonderen Hausgesetzen oder Observanzen der Familie gewonnen. Insoweit ist mit dem überhaupt etwas obsoleten Institut der Autonomie und innerhalb der dadurch gezogenen Grenzen auch jenes gemeine Privatfürstenrecht des alten Deutschen Reiches in das bürgerliche Recht des neuen Deutschen Reiches hinüber erhalten geblieben.

IV. Eine weitere Rechtsquelle ist nicht anzuerkennen. Namentlich Gerichtsgebrauch, übereinstimmende Urteile höchster Gerichte, die vom Gesetzesinhalt abweichen, schaffen nicht Recht, sondern höchstens die Elemente zur Bildung von Gewohnheitsrecht. Der Richter steht nicht über, sondern unter dem Recht. Er unterliegt Irrtümern; diese Irrtümer mögen Gewohnheitsrecht werden; aber bewußt soll er sich nicht über das Recht hinwegsetzen.

---

[1]) Pütter, Primae lineae juris privati principum speciatim Germaniae, zuerst 1768. — J. C. Kohler, Deutsches Privatfürstenrecht, 1832.

Zweiter Abschnitt.

Das Recht im subjektiven Sinne.*)

Erstes Kapitel.

Grundlegung.

I. Berechtigung und Rechtsverhältnis.

§ 11. Der Grundbegriff.

Wenn wir uns die Wirkungen des bürgerlichen Rechts auf einzelne Rechtsuntertanen vorstellen, so bedienen wir uns meist der Denkform, daß wir uns ihre Berechtigungen und Verpflichtungen vorführen. Wir denken dabei in erster Linie wieder an die Berechtigungen, da sich daraus erst und erst um ihretwillen im bürgerlichen Recht die entsprechenden Verpflichtungen Anderer zu ergeben pflegen, nicht umgekehrt. Solche Berechtigungen nun nennen wir „Rechte im subjektiven Sinne"; wohl auch ungenau, aber kürzer: „subjektive Rechte"; im Gegensatz zu dem sie einräumenden, befehlenden Rechte im objektiven Sinne.

1. Um den Begriff des Rechts im subjektiven Sinne zu bestimmen, gehen wir aus von dem Begriffe des Gutes.

„Gut" im engeren, materiellen Sinne nennen wir alle körperlichen Sachen und alle körperlichen menschlichen Zustände, insofern sie menschlichen Bedürfnissen Befriedigung zu verschaffen dienen. Hierher gehören also alle Genußmittel; hierher Arbeitskraft und Geschicklichkeit anderer Menschen; hierher aber auch unsere eigene Gesundheit, Freiheit, Arbeitskraft und Geschicklichkeit.

Dagegen im weiteren ideellen Sinne verwenden wir das Wort, wenn wir unter die Güter ferner rechnen: Zustände des menschlichen Geistes oder Gemütes, die sich körperlich nicht ausprägen: öffentliches Ansehen, Liebe unserer Familie, eigene Zufriedenheit oder dergl.

Güter im ersteren Sinne vermag das Recht wohl zu verteilen, nie aber zu schaffen; dagegen schafft das Recht allerdings ein Gut im ideellen Sinne und zwar stets nur dasselbe: Sicherung.[1]) Es bringt

*) S. d. Literatur oben S. 1, Note **. — Außerdem etwa Zitelmann, Internationales Privatrecht 1, 37 ff.; u. Leonhard a. a. O. 146 ff.

[1]) So wohl besser als „Macht", da der Ausdruck Sicherung klar stellt, daß es sich um ein bloß immaterielles Gut handelt, während man bei Macht

uns das Gefühl der Sicherheit und Ruhe, ohne welches kein Dasein befriedet und befriedigend sein kann. Es bringt uns aber dieses Gefühl in doppelter Weise:

a) Indem es uns, während wir uns im Genusse befinden, die Dauer dieses Genusses, sofern es ihn billigt, gewährleistet, wenigstens gegen solche Störungen, die von anderen Menschen oder auch vom Staate selbst (wenn wir nämlich im Unrecht wären) ausgehen könnten.

b) Indem es uns in gewissen Fällen sein Ansehen und seine Macht zu Verfügung stellt, um uns zukünftigen Erwerb eines Gutes, zukünftigen Genuß zu gewährleisten, wenigstens soweit andere Menschen einen solchen zukünftigen Zustand herbeiführen oder ausschließen können. Die Erwartung, daß andere Menschen sich so verhalten werden, wie zum Eintritte des zukünftigen Genußzustandes für uns wünschenswert, mögen wir auch ohne rechtliche Sicherung hegen, wir mögen auf die Güte, auf die Wort- und Pflichttreue eines anderen uns verlassen; Sicherheit werden wir regelmäßig erst dann empfinden, wenn wir nicht bloß auf den guten Willen jenes anderen angewiesen sind, sondern unser gutes Recht für uns haben. Ist dies aber der Fall, so wird das Gefühl der Sicherheit dadurch in uns so stark, daß wir häufig das uns für die Zukunft in Aussicht gestellte Gut als einen gegenwärtigen Besitz bereits empfinden. Wir stellen diese Aussicht als Aktivposten in unser jetziges Haben ein, zum vollen oder doch nur wenig verringerten Werte desjenigen, was wir bekommen sollen. Hier kann am leichtesten die Illusion auftauchen, als schüfe das Recht ein materielles Gut, jenen Aktivposten. Tatsächlich aber ist an diesem Gute materiell nur die Sache oder Leistung, die wir später erhalten sollen; das Recht schafft nur das gegenwärtige Gefühl der Sicherheit.

2. „Rechtsgut" nun nennen wir ein Gut (im ideellen Sinne),[1]) sofern das Recht (im objektiven Sinne) ihm Sicherheit verheißt. Und zwar diesem Gute unmittelbar, nicht bloß durch Vermittlung eines anderen[2]).

---

mehr an physische Macht, reellen Energievorrat zu denken pflegt. Die Macht ist beim Staat, beim Volk; dadurch gewinnt der Berechtigte Sicherung. Außerdem aber ist die Macht des Staates oder des einzelnen Berechtigten doch nicht Selbstzweck, sondern nur Mittel zum Zweck der Sicherung.

[1]) Wenigstens mangelt es nicht ganz an ideellen Rechtsgütern, mögen auch die materiellen noch so sehr überwiegen.

[2]) Z. B. wenn das Recht unser Leben und dadurch mittelbar alle unsere

In diesem Sinne mag man auch die Rechtssicherung selbst als ein Rechtsgut betrachten; doch trägt sie ihren Wert nicht in sich selbst, sondern nimmt nur teil an dem Werte des durch sie gesicherten Rechtsgutes. Man wird also besser von einer solchen Häufung der Rechtsgüter absehen, wo sie nicht zu besonderen Zwecken geboten ist, s. unten § 12, N. 1.

3. Die Rechtssicherheit, welche das Gut zum Rechtsgute macht, kann eine gar verschiedene sein, zunächst nach der Stärke der Sicherungsmittel [1]) (Strafzwang — bürgerliche Zwangsvollstreckung — bloß psychische Wirkung des Rechtsansehens). Sodann aber auch nach den Bedingungen, unter welchen die Sicherung gewährt oder durchgeführt wird. In den Vordergrund tritt dabei folgende Unterscheidung.

a) Es gibt Fälle, in welchen die Sicherung eintritt und durchgeführt wird ohne Zutun des Gesicherten, durch unmittelbare Fürsorge des Staates oder sonst fremder Dritter. So immer, wo die öffentliche Rechtsordnung selbst private Rechtsgüter schützt, z. B. im Strafrecht, im polizeilichen Verwaltungsrecht. [2])

b) Es gibt andere Fälle, wo die Sicherung selbst, ihr Eintritt und ihre Durchführung in die Hand des zu Sichernden gelegt ist. Mag sein, daß er seinerseits wieder dem Staate oder einem Dritten gegenüber verpflichtet ist, von jener in seine Hand gelegten Möglichkeit Gebrauch zu machen: [3]) mag auch sein, daß jene Möglichkeit zu seiner freiesten Willkür führt; [4]) entscheidend ist, daß das Recht in beiden Fällen zwischen Zusage und Ausführung des Rechtszwanges die Inanspruchnahme des letzteren durch den zu Sichernden einschiebt.

4. Ein Recht im subjektiven Sinne liegt nun aber vor, wenn und soweit der Rechtsschutz, der das Gut zum Rechtsgute macht, dem Gesicherten nicht ohne sein Zutun aufgenötigt wird — mag auch daneben eine andere Art des Rechtsschutzes (z. B. strafrechtlich) demselben Rechtsgute zu teil werden. Denn die Eigentümlichkeit des

Lebensgüter schützt, so werden letztere dadurch nicht zu Rechtsgütern; es handelt sich für sie lediglich um eine sog. Reflexwirkung (Jhering).

[1]) D. i. der hier eingreifenden Normen zweiter Ordnung, s. oben S. 8.

[2]) Man könnte reden von „absolut zwingendem", d. i. aufnötigendem Recht.

[3]) Zur Ausübung nötigendes Recht, so meist das öffentliche Recht, vergl. oben S. 7.

[4]) So durchweg im bürgerlichen Recht, s. oben ebenda.

Rechts im subjektiven Sinne besteht eben darin, daß es vom Rechte (im objektiven Sinne) dem zu Sichernden übergebene Sicherungsmöglichkeit ist. Das Recht im subjektiven Sinne ist die Form, deren sich das Recht (im objektiven Sinne) bedient, wo es Rechtsgüter nicht absolut aufnötigen mag. In schulmäßig definierender Form ausgedrückt:

Recht im subjektiven Sinne ist die vom Rechte (im objektiven Sinne) einem Rechtsgute geschaffene Sicherung, sofern Entstehung oder doch nur Bestand oder doch mindestens Durchführung dieser Sicherung eine darauf gerichtete Tätigkeit des zu Sichernden voraussetzt.

5. Daraus ergeben sich weiter folgende Bestimmungen:

a) Gegenstand des Rechts ist das Rechtsgut, auf dessen Sicherung das Recht sich unmittelbar bezieht. Solche Güter gibt es in unendlicher Mannigfaltigkeit; ihrer konkreten Individualität entnehmen wir die Individualisierung der einzelnen Rechte: als z. B. persönliche Rechte aus dieser Ehe; Eigentum an diesem Grundstück; Forderungsrecht auf so und soviel Reichsmark gegen diesen Schuldner.

b) Ausübung eines Rechtes ist die Verwirklichung der Sicherungszusage, von der bloßen Inanspruchnahme des Rechtsansehens ab bis zur Durchführung des Rechtszwanges. Inanspruchnahme des Rechtsansehens liegt schon in der Vornahme einer Handlung, die unrecht wäre, wenn sie ohne rechtliche Billigung geschähe; so liegt z. B. schon im Gebrauche, in der Veräußerung meiner Sache Ausübung meines Eigentumsrechtes an ihr; ebenso in der Aufforderung an meinen Schuldner, mich zu bezahlen, Ausübung meines Forderungsrechtes.

c) Inhalt des Rechtes ist die Möglichkeit seiner Ausübung. Also, insofern Möglichkeit der Verwendung gegebener Mittel (auch bloß geistig wirksamer Mittel) Macht heißt, ist Inhalt des Rechts diese in ihm liegende Rechtsmacht. Der Grad wirklicher Macht, der darin liegt, kann äußerst verschieden sein je nachdem die Rechtsordnung selbst mehr oder minder mächtig ist und je nachdem sie von dieser ihrer Macht dem Gesicherten mehr oder weniger zur Verfügung stellt.

d) Inhaber des Rechts, Berechtigter, Rechtssubjekt[1]) endlich

[1]) Doch ist dieser letzte Ausdruck mehrdeutig; er bezeichnet sowohl den Berechtigten wie den Verpflichteten, nämlich jeden, der als Träger von Rechten oder von Pflichten für das Recht überhaupt in Betracht kommt. In diesem Sinne Rechtssubjekt = Person; vgl. unten § 21.

ist derjenige, welchem das Recht selbständig, im eigenen Namen[1]) Sicherungsmittel zusagt, einerlei ob er es auch ist, der wirklichen unmittelbaren Genuß am Rechtsgute findet; wenn er es nur ist, dem der Genuß der Rechtssicherheit zu teil wird. Er übt das Recht aus, mag dies auch Anderen, neben ihm[2]) oder ausschließlich[3]), zustatten kommen.

§ 12. Begriffsschwankungen.

Der so gebildete Begriff des Rechts im subjektiven Sinne ist ein für das bürgerliche Recht so durchgreifender, die Denkform durch ihn eine dem Civilisten so unentbehrliche, daß man an ihm regelmäßig festhält, auch wo Sach- oder Rechtslage etwas abweicht.

1. Das BGB. spricht (wie die Literatur bis dahin vielfach, stets aber nur unter schweren Bedenken getan hat) ganz entschieden von Rechten an Rechten.[4]) Diese Denkform ist möglich, da man ja (vgl. oben § 11 N. 2) in jedem Rechte abermals ein Rechtsgut finden, dieses also auch wieder zum Gegenstande eines neuen Rechts machen, Sicherung des einen aus der Sicherung des anderen herleiten mag. Da dieses Verfahren technische Bequemlichkeiten bietet, so mag es dabei bleiben. Einfacher wäre immerhin die Vorstellung, wonach ein Teil der ersten Rechtsmacht selbst auf den Zweitberechtigten überginge.

2. Bedenklicher, wenn für ein Recht Rechtsinhaber und Verfügungsberechtigter verschiedene Personen sind. Das tritt namentlich dann ein, wenn dem Rechtsinhaber (wegen jugendlichen Alters oder dgl.) die Verfügungsgewalt nicht anvertraut, er nicht als der berufene Vertreter seines eigenen Interesses anerkannt werden kann, sondern der Staat durch Einsetzung eines gesetzlichen Vertreters (z. B. Vormundes) die Sorge dafür wahrnimmt. Man stellt sich hier die Sachlage so vor, als ständen gewöhnliche, subjektive Rechte des Mündels nur unter besonderer Verwaltung. Tatsächlich liegt vor ein, wennschon unentbehrlicher, staatlicher Eingriff in die Rechtsausübung, der mit

---

[1]) Nähere Bestimmung dieser Wendung unten, § 62, I, 2.

[2]) Auch hier wieder Reflex-Wirkung. Vgl. oben S. 46 fg. Note 2.

[3]) Sog. Rechtsdestinatäre. Vgl. E. J. Bekker, in d. dogm. Jahrbüchern, 12, 1 fg.; und System des heutigen Pandektenrechts, 1, § 19.

[4]) Z. B. beim Pfandrecht an Rechten. Übrigens deshalb, weil bloß Denkform, bloß Konstruktion, bloß doktrinär: „unverbindlicher Gesetzesinhalt", s. oben § 7, III, 3, 1.

dem reinen Begriffe des subjektiven Rechts nicht wohl vereinbar ist: so verwaltete Rechte wechseln dadurch in etwa Charakter.

3. Besonders schwierig wird es, an jener Denkform festzuhalten, wenn gar kein Rechtsinhaber vorhanden ist, sondern das Recht, (im objektiven Sinne) für einen zukünftigen (z. B. noch nicht geborenen) Berechtigten sorgt, diesem jetzt schon Rechtsgüter sichert und verwaltet.

Man pflegt dies so einzukleiden, daß man von einem subjektlosen Rechte im subjektiven Sinne redet.[1]) Tatsächlich liegt vor eine Art von objektiver Rechtsbindung[2]) in dem Umfange des subjektiven Rechts. Übrigens sind auch wirtschaftlich solche Bindungszustände höchst bedenklich, indem sie die betroffenen Rechtsgüter dem freien Verkehr entziehen; sie werden deshalb im BGB. nur für einzelne Fälle zugelassen und selbst da nur unter Beschränkung der Dauer, regelmäßig auf den Lauf der nächsten Generation.

4. Ob man die Rechte einer juristischen Person als solche unter den Schwierigkeiten der vorigen oder der vorletzten Nummer ansieht, hängt davon ab, ob man sich der reinen Fiktionstheorie anschließt oder irgend welche tatsächlich vorhandene lebendige Kraft als Grundlage der juristischen Person annimmt. S. darüber weiteres unten § 28, I.

5. Dagegen können wir endlich ganz unbedenklich mit unserem bürgerlichen Recht befristete und bedingte Rechtsverhältnisse und Rechte als bereits bestehende (z. B. als vererbbare) ansehen, sofern sie eben nur schon jetzt einen Rechtsinhaber haben. Denn wenn überhaupt das Rechtsgut der Sicherung stets auf einer gedankenmäßigen Vorwegnahme der Zukunft und ihrer Möglichkeiten beruht, so ist diese Sicherung doch auch dann noch in dazu genügendem Maße schon heute vorhanden, wenn der Rechtsinhaber schon heute sicher ist, die Sicherungsmittel binnen einer bestimmten Frist anwenden zu können; oder wenn er wenigstens hierfür heute schon eine gewisse bedingte Sicherheit besitzt. Ist doch unbedingte Sicherheit für die Zukunft überhaupt in menschlichen Dingen undenkbar.

[1]) Anders, wenn es einen Rechtsinhaber gibt, der nur noch nicht als solcher feststeht oder bekannt ist, z. B. der bereits geborene, unbekannte Erbe. Hier liegt keine Begriffsschwierigkeit vor, obschon wirtschaftlich ähnliche Rechtshilfsmittel geboten sind.

[2]) Jhering, Passive Wirkung der Rechte, i. d. dogm. Jahrbüch. 10, 387 fg.

§ 13. Rechtsverhältnis.[1])

Der Begriff des Rechtsverhältnisses steht in nahem Zusammenhange mit dem Begriffe des Rechts im subjektiven Sinne, ohne jedoch eine reine Anwendung dieses letzteren Begriffs zu bieten.

1. Jedes Verhältnis ist eine Beziehung zwischen zwei oder mehr Gegenständen. Rechtsverhältnis ist ein Verhältnis dann, wenn oder soweit diese Beziehung durch das Recht geregelt ist.

2. Betrachten wir dabei zunächst die rechtlich geregelte Beziehung, ohne noch einzugehen auf die Gegenstände, zwischen welchen sie besteht, so ist leicht ersichtlich, daß diese Beziehung sowohl hergestellt sein kann durch ein Recht im subjektiven Sinn, welches das Recht im objektiven Sinn irgend einem Rechtsinhaber verliehen hat; wie durch irgend eine andere Rechtsform. So besteht zweifellos ein Rechtsverhältnis zwischen Verbrecher und Verletztem, auch soweit dabei keinerlei subjektives Recht mitspricht. Im Privatrecht wird man jedoch meist erwarten dürfen, das Rechtsverhältnis durch subjektive Rechte hergestellt zu sehen. — Ferner kann dieses Verhältnis ein ganz einfaches sein, z. B. auf einem subjektiven Recht eines Beteiligten beruhen, oder sich aus mehreren, einander kreuzenden oder bestärkenden einzelnen Rechtsverhältnissen zusammensetzen. Letzteren Falles spricht man auch wohl statt von mehreren Rechtsverhältnissen von einem (zusammengesetzten) Rechtsverhältnisse. Wenn das zusammengesetzte Rechtsverhältnis sich auf ein einheitliches Lebens- oder Wirtschaftsverhältnis bezieht, so findet es eben hierin seine Einheit. Das rechtlich geregelte Lebens- oder Wirtschaftsverhältnis selbst aber wieder nennen wir Rechtseinrichtung (Rechtsinstitut), z. B. das Rechtsinstitut der Ehe, des Eigentums. Darin liegt weder die Behauptung, daß das Recht dieses Verhältnis geschaffen habe, noch die Behauptung, daß das Recht dieses Verhältnis ausschließlich beherrsche; sondern nur die Feststellung, daß für dieses Verhältnis Rechtsregeln gelten, unbeschadet der Regeln anderer Ordnung, die eingreifen mögen, vgl. § 1588, weil etwa das Verhältnis zugleich ein religiöses oder ethisches ist.

3. In Bezug auf die Gegenstände, zwischen welchen das Rechtsverhältnis besteht, ist nun aber weiter zu gehen. Zwar kann das Recht nur Menschen etwas befehlen; dieser Befehl wird ihnen aber oft vorschreiben ein Verhalten in Bezug auf eine Sache. Und zwar

[1]) Zu nennen noch etwa: Renner, Privatrechtsverhältnisse.

wird im bürgerlichen Rechte dieser Befehl meist wieder in der Form ergehen, daß er einem anderen Menschen Sicherheit verschafft in Bezug auf das Verhalten jener Menschen gegenüber jener Sache, d. h. dem Anderen das subjektive Recht gibt, von jenen Menschen jenes Verhalten in Bezug auf jene Sache zu verlangen. Dann entsteht ein Rechtsverhältnis

a) zwischen jenen Menschen und jener Sache, wobei die rechtliche Beziehung darin liegt, daß jene Menschen jenes Rechtsgebot, soweit der Rechtsinhaber darauf besteht, beachten müssen; aber auch

b) zwischen dem Rechtsinhaber und jener Sache, wobei die rechtliche Beziehung durch die rechtliche Möglichkeit, auf das Verhalten jener Menschen gegenüber jener Sache einzuwirken, vermittelt wird. Es gibt also auch Rechtsverhältnisse zwischen Menschen einerseits und Sachen andererseits. Doch wird man immer daran festhalten müssen, daß dieselben stets vermittelt werden durch Rechtsverhältnisse zwischen Menschen. Denn direkt kann und will das Recht nicht auf eine Sache wirken, sie etwa der Herrschaft eines Menschen physisch unterwerfen oder dergleichen (vgl. oben § 1 N. 3).

4. Hält man sich dies nur innerlich klar vor Augen, so mag man schließlich reden von einem Rechtsverhältnisse selbst zwischen Sachen, z. B. zwischen Nachbargrundstücken, wenn nämlich das Recht durch Rechte im subjektiven Sinn oder auch durch andere Formen von Rechtsgeboten dahin wirkt, daß Menschen veranlaßt werden, zwischen diesen Sachen ein gewisses körperliches Verhältnis herzustellen oder aufrechtzuerhalten. Man sieht, wie weit der Begriff des Rechtsverhältnisses sich erstreckt gegenüber dem Begriffe des Rechtes im subjektiven Sinn und wie wenig sie miteinander vertauscht werden dürfen.

II. Arten der Rechte.

§ 14. Unterscheidungen nach dem Inhalt.

I. Nach der Form des Inhalts unterscheiden wir Rechte des rechtlichen Sollens, des rechtlichen Dürfens und des rechtlichen Könnens.

1. Von einem rechtlichen Sollen reden wir dann, wenn das Recht dem einen Rechtssubjekt zu Gunsten des andern den Befehl erteilt, ein gewisses Verhalten zu beobachten, etwas zu tun oder zu unterlassen. Von dem Rechtsinhaber sagen wir alsdann, er dürfe

dieses Verhalten des anderen Beteiligten fordern, wir legen ihm bei ein Recht des rechtlichen Dürfens. So sind rechtliches Sollen und rechtliches Dürfen zunächst nur zwei Seiten desselben Rechtsverhältnisses, nicht Kennzeichen verschiedener Rechte und Rechtsverhältnisse.

2. Indessen tritt bald das eine bald das andere mehr in den Vordergrund; und je nach dem wählen wir mit Vorliebe die eine oder die andere Bezeichnung. Liegt der Nachdruck auf dem Verhalten des Rechtsinhabers, der von anderer Seite nur ungestört bleiben soll, so heißt das Recht ein solches des rechtlichen Dürfens. Liegt umgekehrt der Nachdruck auf dem Verhalten, durch das der Verpflichtete dem Rechtsinhaber ein Rechtsgut verschaffen soll, so heißt das Recht ein solches des rechtlichen Sollens.[1]) Zu den Soll-Rechten gehören also alle Rechte auf das Tun oder Unterlassen eines Anderen, beziehen sich dieselben nun auf Familie oder Vermögen, falls nur nicht die bloße Unterlassung einer Störung oder einer Behinderung des Rechts-Inhabers ihren Gegenstand bildet. Rechte bloß dieses letzteren Gegenstandes sind Dürf-Rechte.

Namentlich pflegt man als Dürf-Rechte anzusehen Eigentum und ähnliche, sog. dingliche Rechte; als Soll-Rechte dagegen die sog. Forderungsrechte, wie sie aus Schuldverhältnissen entspringen, auch wenn sie bloß auf ein Unterlassen gehen. Zu den Dürf-Rechten gehören aber z. B. auch die Rechte auf ausschließliche Aneignung (Jagdrechte u. dgl. m.) und die im BGB. nicht behandelten ausschließlichen Rechte des Verfassers, des Erfinders u. s. f. Dabei kann noch stärker in den Vordergrund treten, was andere nicht dürfen, als was der Rechtsinhaber darf. Stets aber handelt es sich darum, daß andere ausgeschlossen werden und daß sich darin das Recht des Rechts-Inhabers ausdrückt.

3. Von einem Sollen und Dürfen, nicht von einem Müssen und Können reden wir bei dem Rechtsinhalte regelmäßig deshalb, weil das Recht regelmäßig auf gewisse Erfolge nur durch Triebfedern und nur durch Vermittlung menschlicher Tätigkeit hinzuwirken, nicht diese Erfolge mit der Notwendigkeit des Naturgesetzes selbst zu setzen ver-

---

[1]) Grenze ist etwa, wo, damit der eine Teil erhalte, was ihm zukommt, der andere Teil mehr tun muß als ein beliebiger, nicht bösgläubiger Besitzer vor Prozeßbeginn dem Eigentümer gegenüber, namentlich also mehr als ein bloßes Herausgeben, Zugänglichmachen, Loslösen, Vorzeigen od. dgl. Solange diese Grenze nicht überschritten ist, wird man von Dürf-Rechten reden, von da ab von Soll-Rechten.

mag; analog wie das Sittengesetz, das sich derselben Ausdrücke aus demselben Grunde bedient. — Das gestaltet sich nur dann anders, wenn wir das Gebiet betreten, auf dem das Recht sich schöpferisch zu erweisen vermag, nämlich (vgl. oben S. 45 fg.) dasjenige der Rechtsbildung selbst. Besteht das Sollen darin, daß zu Jemandes Besten ein neues Recht entstehen oder ein bestehendes sich verändern oder untergehen soll; und besteht das Dürfen darin, daß der Rechtsinhaber sich selbst dieses Rechtsgut schaffen oder ändern oder entziehen mag; so kann das Recht diese Vorgänge, auch abgesehen von dem Gehorsam der Beteiligten und von der Wirksamkeit staatlicher, nachträglich den Ungehorsam überwindender Rechtsschutzmittel unmittelbar selbst setzen. Es bedarf dazu nur der Vorschrift, daß sich in gewissen Lagen, namentlich also auf den Wunsch des Rechtsinhabers, diese Rechtsänderung vollzieht. Dann wird das Recht dieses Inhabers aus einem bloßen Dürfen zu einem Können; die Schöpferkraft des Rechtes ist in seine Hand gelegt; und die andere Seite soll nicht nur, sie muß dieses Ergebnis hinnehmen. In solchem Falle redet man von Rechten des rechtlichen Könnens. — Rechte, die bloß oder überwiegend Könn-Rechte sind, sind im BGB. älteren Privatrechten gegenüber besonders zahlreich und entschieden ausgebildet; namentlich durch zahlreiche Fälle, in welchen das Recht eines Rechtsinhabers darin besteht, durch seine einseitige Erklärung eine Rechtswirkung für sich oder gegen andere (z. B. Anfechtung, Aufrechnung, Kündigung, Hemmung oder Aufhebung eines fremden Rechts) herbeizuführen. Außerdem aber liegen ohnehin in den meisten anderen Rechten, mindestens nebensächlich, mindestens z. B. soweit ein Recht übertragbar ist, Könn-Rechte, obschon man dies seltner zu betonen pflegt.

Eigentlich ist jedes Recht des rechtlichen Könnens ein Recht an einem Rechte, nämlich an dem hervorzurufenden oder abzuändernden (z. B. zu übertragenden) oder aufzuhebenden Rechte. So ist z. B. die Verfügungsgewalt über ein Recht ein Recht an diesem Rechte, das allerdings vielfach mit diesem Rechte zusammenfällt, als Teil des Rechtsinhalts erscheint.

II. Nach dem Umfange des Inhalts unterscheiden wir absolute und relative Rechte.

1. Absolute Rechte sind diejenigen, welche dem Rechtsinhaber gegen alle anderen Rechtssubjekte zustehen, oder doch wenigstens gegen einen weiteren Kreis dieser Rechtssubjekte in unbestimmter Anzahl,

einen Kreis, der soweit reicht, wie das Recht (im objektiven Sinne) nicht besondere Ausnahmen davon bezeichnet. — Dagegen relative Rechte sind diejenigen, welche dem Rechtsinhaber nur gegen einzelne, vom Rechte (im objektiven Sinne) bestimmt bezeichnete Rechtssubjekte zustehen. — Oder anders ausgedrückt: Absolute Rechte sind individualisiert (vgl. oben S. 48) lediglich durch ihren Gegenstand; bei den relativen Rechten tritt individualisierend hinzu die Persönlichkeit des oder der Verpflichteten.

2. Man stellt vielfach zusammen absolute und Dürf-Rechte einerseits, relative und Soll-Rechte andererseits. Das ist naheliegend und meist zutreffend. — Indessen eine vollkommene Gleichstellung kann nicht aufrechterhalten werden.

a) Schon aus den Begriffsbestimmungen folgt, daß relativen Dürf-Rechten nichts im Wege steht. Als solche erscheinen z. B. das Recht des Eigentümers, übergefallene Frucht von dem Nachbar-Grundstücke abzuholen; oder das Recht des früheren Besitzers gegen den späteren bösgläubigen Besitzer, s. unten § 186; oder das Recht des Vermieters, dem Mieter gegenüber die Entfernung der dem Pfandrechte unterliegenden Sachen zu verhindern und diese Sachen in seinen Besitz zu nehmen.

b) Undenkbar sind aber auch nicht absolute Soll-Rechte, wennschon sie leicht, sofern sie bestehen, öffentlich-rechtliche Färbung annehmen. So die alten landesrechtlichen Zwangs- und Bannrechte, erhalten durch Art. 74; oder etwa auch die privatrechtliche Ausübung nutzbarer Regalien; vgl. ferner unter § 162, 3c u. §§ 197 fg. Indessen sind diese Fälle seltener und von geringerer Bedeutung.

3. Die absoluten sowie die relativen Dürf-Rechte gehen überwiegend[1]) dahin, daß die anderen Beteiligten etwas unterlassen oder dulden, da sie ja den Rechtsinhaber in der Ausübung seines Rechts nicht stören sollen; man wird eben eine solche bloße Negation jedermann von Rechtswegen unschwer auferlegen können, während es äußerst bedenklich wäre, jedermann von Rechtswegen zur tätigen Unterstützung und Förderung aller seiner Nebenmenschen anzuhalten. — Indessen versagt die gegensätzliche Wendung, als gingen die re-

[1]) Daß die Verpflichteten nebensächlich zu geringen, namentlich ökonomisch ganz minderwertigen Beihilfeleistungen verpflichtet seien, ist nämlich durchaus nicht ausgeschlossen, s. z. B. BGB. §§ 1021, 1022; auch dies warnt gegen Überschätzung des äußerlichen Gegensatzes zwischen Tun und Unterlassen; vgl. auch oben S. 53, Note 1.

lativen Soll-Rechte nur auf eine Tätigkeit des anderen Rechtssubjekts: denn Schuldverhältnisse auf ein Unterlassen kommen alltäglich vor. Man wird deshalb den bequem sinnenfälligen Gegensatz zwischen Handeln und Unterlassen nicht an Stelle der sonst hier besprochenen Unterschiede setzen dürfen.

4. Jedes absolute Recht muß in einem gewissen Augenblick seiner Ausübung ein relatives aus sich selbst zu Tage fördern. So lange es sich nämlich bei der Rechtsausübung bloß handelt um Inanspruchnahme des Rechtsansehens, so lange kann offenbar dieses, das ja ohne weiteres überallhin wirkt, den Umkreis des absoluten Rechtes vollständig decken. Sobald dagegen die Staatsgewalt zu tätiger Hilfe angerufen werden muß, so kann dieselbe sich ebenso offensichtlich nicht richten gegen alle Welt in unbestimmter Weise, sondern nur gegen einzelne konkrete Rechtssubjekte, welche als Objekt dieser staatlichen Abwehr irgendwie besonders bezeichnet sein müssen. Dabei wird das absolute Dürf-Recht umschlagen in ein relatives Dürf-Recht, wenn nämlich der früher allgemeinhin aller Welt gegenüber zugesagte Schutz nur nachgesucht wird ausschließlich zur Verhütung einer von bestimmter Seite erst drohenden Störung; [1]) regelmäßig aber vollzieht sich der Umschlag in ein relatives Soll-Recht, wenn nämlich die Störung bereits eingetreten ist und nunmehr von dem dafür Verantwortlichen wieder beseitigt und rückwärts ausgeglichen werden soll. Neben und hinter diesen aus ihm hervorgegangenen relativen Rechten besteht übrigens nach wie vor das absolute Recht unverändert fort.

5. Zu den absoluten Rechten in unserem BGB. zählen namentlich die meisten dinglichen und die Persönlichkeitsrechte desselben; ferner die reinpersönlichen Familienrechte, soweit sie Schutz nach außen, gegen Störungen von seiten Dritter finden. Relative Rechte sind namentlich diejenigen aus Schuldverhältnissen und die der Familienmitglieder untereinander. — Eine besonders wichtige Klasse von absoluten Rechten außerhalb des BGB. sind diejenigen, welche Schriftstellern, Komponisten, Erfindern zur Sicherung gegen unerlaubte Ausnutzung ihrer Geistesprodukte seitens Dritter verliehen sind, und ähnliche Rechtsbildungen.

III. Nach der Wirkung ihres Inhaltes endlich unterscheiden wir Rechte, die zu Anspruchsrechten führen, und Rechte, die ohne An-

---

[1]) Klage auf Unterlassung, s. z. B. § 1004 Abs. 1 Satz 2.

spruchsrechte bestehen;[1]) bei den Rechten mit Anspruchsrechten ferner wieder klagbare und klaglose. — Bei dieser Unterscheidung spielen die beiden bisher schon gewonnenen Unterscheidungen nach dem Inhalte eine wesentliche Rolle.

1. „Anspruch ist das Recht,[2]) von einem anderen ein Tun oder ein Unterlassen zu verlangen" —, so definiert BGB. § 194. Darin liegen zwei Gegensätze:

a) Es ist das Recht, von einem anderen etwas zu verlangen, diesen anderen daraufhin gerichtlich oder außergerichtlich anzusprechen, daß er etwas tue oder unterlasse — nicht das Recht, irgend etwas anderes (als dies Ansprechen) selbst zu tun. Soweit also das Recht dem Rechtsinhaber eine rechtliche Befugnis gibt, mit Rechtswirksamkeit etwas vorzunehmen, das über das bloße Erheben oder Durchführen dieses Anspruches hinausgeht, soweit liegt ein Recht vor, das ohne Anspruchsrecht besteht oder über das Anspruchsrecht hinausgeht.

b) Es ist aber ferner das Recht, von einem anderen etwas zu verlangen. Dieser andere kann deshalb nicht ganz unbestimmt, allgemeinhin jedermann sein. Denn ich kann wohl schlechthin etwas verlangen; sobald ich mich aber an jemand mit diesem meinem Verlangen richten soll, muß ich eben diesen ins Auge fassen, ihn aus einem weiteren Kreise herauszugreifen irgendwelche Anhaltspunkte haben.

2. Daraus ergibt sich folgendes für das vielbestrittene Verhältnis des Anspruches zu den verschiedenen bisher unterschiedenen Rechtsarten.

a) Rechte, die zu Anspruchsrechten führen, sind vor allem die relativen Sollrechte, z. B. die Forderungsrechte. Denn sie geben ja

---

[1]) S. namentlich für das neue Recht die grundlegende und vielfach anregende Monographie von Hellwig: Anspruch und Klagerecht, Jena 1900. — Aus der älteren Literatur maßgebend: Windscheid, Die actio des Römischen Civilrechts, 1856; und Pandekten, 1, § 43. — Außerdem: Kohler, in Grünhuts Zeitschrift 14, 1 fg. — Fischer, Recht und Rechtschutz, in Bekker und Fischers Beiträgen, Heft 6. — Leonhard, Zeitsch. f. Civilproz. 15, 327 fg. — Hölder, ebenda, 22, 1 fg.; u. 29, 50 fg. — Neuestens wieder derselbe, „Ansprüche und Einreden", im Archiv f. d. civilist. Praxis, 93, 1 fg. — Nicht mehr konnte benutzt werden: Langheineken, Anspruch und Einrede, 1903.

[2]) Mehr schulmäßig ausgedrückt: diejenige Wirkung des Rechtsinhalts, zufolge deren der Rechtsinhaber in der Lage ist, unter Rechtssicherung von einem anderen u. s. f., wie im Text folgt. Dieser Rechtsinhalt wird wieder zum selbständigen Rechte und zwar zu einer Art Forderungsrecht. — Ein anderer Begriff ist der des Anspruches im prozessualen Sinne; hier handelt es sich um den materiellrechtlichen Begriff.

dem Rechtsinhaber die Befugnis, von einem bestimmten Verpflichteten ein bestimmtes Verhalten (das ist Tun oder Unterlassen) zu verlangen. Darum brauchen aber solche Rechte mit dem Anspruchsrechte aus ihnen keineswegs zusammenzufallen. Zunächst schon deshalb nicht, weil man häufig ein Recht der Art annimmt, wo man vielerlei Ansprüche aus ihm folgert, — das ist aber freilich wohl nur eine Differenz in der Ausdrucks- oder allenfalls in der Anschauungsweise.[1]) Namentlich aber deshalb nicht, weil ein Forderungsrecht regelmäßig noch mehr Rechtsinhalt in sich birgt, als die Möglichkeit der Anspruchs-Ausübung, nämlich noch alle untergeordnet darin liegenden Könn-Rechte, als die Möglichkeit, rechtsgültig darüber sonstwie zu verfügen, darauf zu verzichten, es zu übertragen, zu verpfänden u. s. f. Das Anspruchsrecht ist also nur eine Seite, ein Stück, allerdings regelmäßig das weitaus wichtigste Stück des relativen Soll-Rechts; nur ausnahmsweise mag es sachlich damit zusammenfallen, wenn jeder andere Inhalt nämlich mangelt. Es ist auch schon, in derselben Weise wie das Recht selbst, vorhanden bei betagten und bedingten Rechten. Eine Verletzung oder dergl. seitens des Verpflichteten ist nicht nötig: verlangen *darf* ich auch von dem, der erfüllungsbereit ist, obschon er mir durch seinen Erfüllungseifer gar keine Zeit dazu lassen, ja meinem Wunsch selbst zuvorkommen mag.

b) Ganz ähnlich steht es um die relativen Dürf-Rechte. Denn wenn ich bestimmten Personen gegenüber verlangen darf, daß sie mich handeln lassen und mich dabei nicht stören, so ist der *rechtliche* Inhalt dieses meines Rechtes nicht das mir dadurch gewährleistete Handeln, sondern die Nichtstörung seitens jener bestimmten Anderen. Es sind also in diesem Rechte alle Elemente des Anspruchs gegeben, obschon es ein Dürf-Recht ist, wenn es eben nur ein relatives Dürf-Recht ist.

c) Aber auch die absoluten Dürf-Rechte (und ganz so die absoluten Soll-Rechte, soweit sie vorkommen mögen) sind Rechte, die zu Anspruchsrechten führen, wennschon in diesen absoluten Rechten nicht stets von vornherein Ansprüche enthalten sind, mangels jeder Bestimmtheit des Anzusprechenden nämlich. Sobald diese absoluten Rechte aber in relative umschlagen, relative Rechte aus sich erzeugen (s. oben II, 4), so haben wir den Anspruch. Das geschieht keines-

[1]) Man könnte nämlich auch das eine Recht in mehrere Rechte auflösen, oder die mehreren Ansprüche zu einem zusammenfassen; vgl. etwa oben S. 51.

wegs etwa nur in dem Augenblicke, wo jene absoluten Rechte verletzt werden, z. B. mein Eigentum durch den, der mir meine Sache wegnimmt. Sondern auch durch jeden anderen Umstand, der aus dem großen unbestimmten Kreise der zur Nichtstörung Verpflichteten irgend einen Verpflichteten individuell hervortreten läßt, also z. B. dadurch, daß er sich desselben Rechts oder eines das meinige einschränkenden Rechts rühmt, oder dadurch, daß er mich in meinem Rechte tätlich bedroht, oder bei einer Grunddienstbarkeit dadurch, daß sie vorzüglich den Eigentümer des belasteten Grundstücks berührt, oder wie sonst auch immer (mit oder ohne des Anderen Zutun) mein Recht eine persönliche Spitze annimmt. Ich gewinne damit mindestens gegen jenen Anderen den Anspruch, daß er mein Recht anerkenne. So mögen hier aus einem meiner absoluten Rechte verschiedene einzelne Rechtsansprüche hervorgehen; neben ihnen besteht mein absolutes Recht jedermann gegenüber unverändert fort, ja, es bleibt rechtlich wohl die Hauptsache, während bei den relativen Sollrechten die Anspruchszubilligung als die rechtliche Hauptsache erscheint.

d) Ganz anders bei den Könn-Rechten. Wo das Recht es in meine Hand gibt, auf dem Rechtsgebiet selbst zu schaffen oder auch zu zerstören, da kann davon nicht die Rede sein, daß ich erst von einem Anderen verlange, er möge sich fügen. Die betreffende Rechtswirkung tritt vielmehr, wenn ich nur mein Recht ausübe, von selbst ein. Diese Rechtswirkung mag dann die sein, daß ich mir ein relatives Soll-Recht verschaffe, z. B. mein Recht als Käufer dem gegenüber, gegen den ich das mir durch Vorkaufsrecht in die Hand gegebene Schöpferrecht (BGB. § 505) ausgeübt habe; aus diesem meinem neuen Rechte erhalte ich dann selbstverständlich den Leistungsanspruch; aber jenes mein erstes Schöpferrecht enthielt einen Anspruch nicht. Es ist desselben nicht etwa beraubt und deshalb schwach und hilflos; sondern es bedarf desselben garnicht zufolge seiner Machtvollkommenheit. — Ganz anders selbstverständlich, wo das Recht nicht darauf geht, daß ich allein rechtlich wirksam werden kann; sondern darauf, daß ein Anderer mit mir auf meinen Wunsch mitwirksam werden soll zu einer durch unsere vereinte Wirksamkeit zu erzeugenden Rechtswirkung. In diesem Falle habe ich kein Recht rechtlichen Könnens, sondern zunächst nur gegen jenen Anderen ein Soll-Recht, den Anspruch auf dessen Mitwirkung. — Ob das Recht ein Recht ersterer Art (ein Könn-Recht ohne Anspruch) oder ein Recht letzter Art (Soll-Recht mit Anspruchsrecht) ist, wird natürlich im einzelnen Falle zu untersuchen sein; für letztere Möglichkeit siehe einstweilen z. B. BGB. § 465.

3. Klagerecht ist das Recht, einen Anspruch vor Gericht zu verfolgen. — Daraus ergibt sich ohne weiteres, daß Rechte ohne Anspruch auch klaglose Rechte sind; abermals nicht, weil sie der Klage darben, sondern weil sie ihrer gar nicht bedürfen. Sie setzen sich, wie man sagt, von selbst durch, sind ipso jure wirksam. Höchstens bedarf es noch für sie der Feststellungsklage, CPO. § 256.

Dagegen die Ansprüche bedürfen, sollen sie voll wirksam sein, der richterlichen Hilfe, sie wirken erst auxilio praetoris; d. h. es muß wenigstens, mag es auch im Einzelfalle nicht soweit kommen, Anrufung der richterlichen Hilfe möglich und dies dem Verpflichteten bekannt sein.

Das alte gemeine Recht kannte Ansprüche ohne Klagerecht, besonders aus Schuldverhältnissen, sog. Naturalobligationen.[1]) Also Rechte, denen ihre Hauptwirksamkeit entzogen war, eine eigentümlich anomale Erscheinung. In unserem bürgerlichen Recht begegnen wir derselben nicht mehr. Wo Verbindlichkeit, da auch Klagerecht. Dadurch hat für uns die Unterscheidung zwischen klagbaren und klaglosen Rechten ihre wesentliche Bedeutung verloren.

Da indessen die entgegengesetzte Meinung, als enthielte nämlich unser Recht noch Naturalobligationen, die entschieden herrschende ist,[2]) so sei diesbezüglich noch folgendes hervorgehoben:

a) Anstandspflichten begründen, mag ihnen das BGB. sonst auch einige rechtliche Bedeutung beilegen, doch keine Verbindlichkeit, vgl. unten § 72 II 2 a Note, auch wegen § 1624.

b) Ebensowenig genügen zur Annahme einer natürlichen Verbindlichkeit Rechtsregeln, welche die Rückforderungsklage ausschließen (sog. soluti retentio), wie schon aus § 814, letztes Satzglied, in Zusammenhang mit dem eben sub a Bemerkten hervorgeht. Eben

---

[1]) Ältere Literatur: A. D. Weber, Systematische Entwicklung der Lehre von den natürlichen Verbindlichkeiten, 1784. — Savigny, Obligationenrecht, 1, §§ 5—14. — Schwanert, Die Naturalobligation. — Neueres Recht: Ubbelohde, Klaglose Schuldverhältnisse im BGB., Dogm. Jahrbücher 38, 216 fg. — Stammler, Recht der Schuldverhältnisse, 26 fg. — Oertmann, Natürliche Verbindlichkeiten im deutschen BGB., Allg. Oester. Gerichts-Zeitung 53, 199 fg.

[2]) Abschwächungen mehrfach dahin, es handle sich nicht um natürliche, klaglose, sondern um „unvollkommene Verbindlichkeiten" (Dernburg, Kipp). Dagegen ist, in solcher Unbestimmtheit, nichts einzuwenden.

dafür spricht aber auch der Wortlaut vom § 762, der jede Verbindlichkeit, also auch eine natürliche, ausschließt.

c) Verjährte Ansprüche sind nicht klaglos, sondern nach wie vor voll klagbar, nur mit dauernder Einrede behaftet, s. unten § 78 II.

d) Bei dem konkursrechtlichen Zwangsvergleich handelt es sich um einen Schulderlaß mit beschränkter Wirkung. Die Forderungen der Konkursgläubiger, soweit sie gegen Mitschuldner und Bürgen gehen, bleiben als voll klagbare bestehen, indem der Bürge Hauptschuldner wird. Die dinglichen Sicherungen wirken weiter wie gegen einen Pfand- oder Hypothekenschuldner, der nicht zugleich persönlicher Schuldner ist. Vgl. KO. § 193.[1])

e) Am nächsten käme der Naturalobligation vielleicht noch die Rechtslage, in welcher Berechtigte zwar nicht der Klage, wohl aber der direkten Zwangsvollstreckung darben, CPO. § 888 Abs. 2.[2]) Indessen geht der Unterschied zwischen diesen Fällen unseres Rechts und bloßer Naturalobligation doch wohl schon genügend aus obiger Gegenüberstellung von Klage und Zwangsvollstreckung hervor.

§ 15. Unterscheidung nach dem Gegenstande.

Da die Rechte ihren Sinn und Wert durch die von ihnen gesicherten Rechtsgüter haben, so ist die wichtigste Einteilung der Rechte die nach diesem ihrem Gegenstande.

I. Die oberste Einteilung der Rechte nach ihrem Gegenstande ist die in Vermögens-, Familien- und Persönlichkeitsrechte.

1. Vermögensrechte sind alle diejenigen, welche sich auf Güter der Außenwelt von wirtschaftlicher Art beziehen. Wirtschaftliche Güter sind Güter, die einen Geldwert haben. Güter wirtschaftlicher Art sind solche, die, wennschon ihnen ausnahmsweise dieser Geldwert abgehen sollte, doch ihrer Art nach eines solchen fähig wären, weil es sich nämlich um Zustände und Vorgänge handelt, die sich

---

[1]) So wie in den beiden letzten Sätzen auch, wenn der Hauptanspruch verjährt ist, nicht aber der gegen Bürgen oder wegen Verpfändung, s. unten § 78, II, 3.

[2]) Es handelt sich um Fälle, wo die Verurteilung lautet auf Eingehung einer Ehe; oder (zwischen Ehegatten) auf Herstellung des ehelichen Lebens; oder auf Leistung von Diensten, die durch einen Dritten nicht vorgenommen werden können, aus einem Dienstvertrage.

nicht ausschließlich auf idealen, der pekuniären Schätzung entrückten Gebieten abspielen. Mag denn auch der Geldwert hier etwa gleich Null sein (z. B. das Gemälde eines Stümpers) oder nicht klar ausdrückbar, weil es sich um ganz vereinzelte, individuelle Vorkommnisse handelt (z. B. Ruhe in der Umgebung eines Kranken),[1] das Recht darauf bleibt doch ein Vermögensrecht, das Rechtsgut ein solches wirtschaftlicher Art. Hieran wird man doch wohl ausnahmslos festhalten können; Vorhandensein von Geldwert aber wird getrost als Regelfall angesehen werden dürfen.

Übrigens nennt das Recht „Vermögen"[2]) bald

a) die Summe aller materiellen Güter einer Person, bald auch

b) die Summe aller Vermögensrechte einer Person; und zwar beides

c) bald wieder mit, bald ohne Abzug der Passiva von jenen Aktiven, Gütern oder Rechten.

Solche Vermögensrechte bilden den eigentlichen Grundstamm der Rechte im bürgerlichen Recht. Auf ihre Untereinteilung kommen wir unten sofort im Abschnitt II.

2. Familienrechte sind alle diejenigen, welche sich auf das Rechtsgut der Familienverbindung beziehen. Reine Familienrechte oder rein persönliche Familienrechte heißt man sie, sofern sie lediglich Verhältnisse von Person zu Person der Beteiligten betreffen; angewandte oder gemischte, sofern sie die Wirkung des Familienverhältnisses auf das Vermögen der beteiligten Personen regeln. Es gehören hierher:

a) Recht des Verlöbnisses und der Ehe;

b) Rechtsverhältnis zwischen Eltern und Kindern;

c) das dem letzteren Verhältnisse nachgebildete Vormundschaftsrecht;

d) außerdem entferntere Verwandtschaftsverhältnisse, sofern sie

---

[1]) Zum Beweise, daß es sich dabei denn doch um ein Gut geldwerter Art handelt – d. h. um ein Gut, das unter Umständen sich klar in Geld ausdrücken läßt — bedenke man nur, daß ruhige oder unruhige Lage einer städtischen Wohnung oder eines Hotelzimmers entschieden Preisunterschiede bedingen. Deshalb zu weit gehend Leonhard, S. 153 fg., der wegen § 241 BGB. jede positive Begriffsbegrenzung der Vermögensrechte aufgeben will; es ist aber doch alles cum grano salis zu verstehen, auch die Grenzenlosigkeit des § 241! Schrullen einerseits, höchst ideale Affekte andererseits werden wohl ernsthaft als Gegenstände von Schuldverhältnissen kaum je in Betracht kommen.

[2]) Birkmeyer, Das Vermögen im juristischen Sinne, 1897.

vom Rechte zu Rechtsverhältnissen geprägt sind, z. B. durch Gewährung eines gegenseitigen Anspruchs auf Unterhalt.

Auch die rein persönlichen Familienrechte gehören zum bürgerlichen Rechte, obschon man oft versucht hat, sie dem öffentlichen Recht zu überweisen. Denn überwiegend handelt es sich doch um Rechte, die immerhin noch ihrer Ausübung (wennschon nicht ihrem Bestande) nach dem Ermessen der Beteiligten unterliegen.

3. Persönlichkeitsrechte[1]) sind solche, bei welchen Eigenschaften oder Zustände der Person des Rechtsinhabers selbst den Gegenstand bilden, während es sich bei Vermögens- und Familienrechten um Rechtsgüter der Außenwelt handelt. — Diese Persönlichkeitsrechte sind zugleich stets absolute Dürfrechte.

Wenn man sich vielfach weigert, sie als besondere Rechte anzuerkennen, so hängt das nicht etwa so zusammen, als ob irgendwer verkennen könnte, wie Leben, Freiheit, Ehre u. s. f. eines jeden Menschen Rechtsgüter sind. Aber diese Rechtsgüter finden ihren wenn nicht ausschließlichen, so doch vorwiegenden Schutz nicht durch das Privatrecht, sondern durch das Strafrecht: also namentlich auch nicht in der Form subjektiver Berechtigungen. Und auch sofern sie privatrechtlichen Schutz genießen in der Form des aus ihrer Verletzung entspringenden subjektiven Rechts auf Schadensersatz, pflegt doch bei ihnen das bürgerliche Recht nicht wie sonst, wo es Rechtsgütern in derselben Art Schutz verleiht, nähere Regeln aufzustellen darüber, wann und wie das betreffende Gut privatrechtliches Rechtsgut zu sein anfangen oder aufhören soll. Sondern die Existenz dieser Rechtsgüter wird einfach vom Rechte als gegeben hingenommen.[2])

Das kann aber nichts daran ändern, daß, wenn das Recht jemandem eine Schadensersatzberechtigung wegen Verletzung eines Rechtsgutes gibt, es demselben eben damit ein subjektives Recht an

[1]) Vgl. Gierke, Deutsches Privatrecht, § 83 fg. — Ich nenne Persönlichkeitsrechte nur die, welche nicht Vermögensrechte sind, so nahe sie daran rühren mögen; die nächststehenden Vermögensrechte nenne ich Immaterialgüterrechte, s. unten hierselbst II, 1, c. Z. B. Persönlichkeitsrecht das Recht des Verfassers, daß sein Werk nicht ohne seinen Willen, mit oder ohne Entgelt, veröffentlicht werde; Immaterialgüterrecht die Sicherung des Rechtes auf Entgelt. Freilich sind die Grenzen fließend.

[2]) Anders im Immaterialgüterrecht, das sich sehr oft nahe mit den Persönlichkeitsrechten an dem eigenen Geisteserzeugnisse, an dem eigenen Bilde oder dgl. berührt. S. darüber zusammenfassend Gierke, a. a. O.

jenem Rechtsgute einräumt, auch für die Zeit vor der Verletzung; denn ein subjektives Recht an einem gewissen Gegenstande ist ja weiter nichts als die einem Rechtsinhaber gewährte rechtliche Sicherung vor Verletzung dieses Gegenstandes. — Auch versagt sich demgemäß das BGB. durchaus nicht immer, Regeln über die Entstehung eines solchen subjektiven Rechtes aufzustellen, welche (vgl. z. B. BGB. §§ 824, 825) dem Strafrecht ganz selbständig gegenübertreten.

Übrig bleibt, daß die meisten Persönlichkeitsrechte als solche[1]) nur wenig ausgebildet, im BGB. nur wegen einer untergeordneten Folge und deshalb auch nur gelegentlich dieser Folge behandelt sind. Jedoch erleidet selbst dies mindestens eine wichtige Ausnahme; wenn nicht ihrer mehrere:[2])

a) Jedenfalls ist das strafrechtlich nur wenig geregelte und geschützte Rechtsgut des Namens durch das BGB. zum ausgebildeten subjektiven Recht auf den Namen gestaltet worden. Weniger als je wird seitdem die Kategorie der Persönlichkeitsrechte verkannt werden können.

b) Sollte es sich um ein Persönlichkeitsrecht nicht auch handeln bei der durch das BGB. geregelten Lehre vom Wohnsitz? Man könnte etwa sprechen von dem Rechte auf Berücksichtigung der mit einem bestimmten Wohnsitze für den Rechtsinhaber verbundenen Folgen seitens aller anderen Rechtssubjekte.

c) Ansätze zu besonderer Regelung der Rechte auf Ehre in besonderer (wirtschaftlicher oder geschlechtlicher) Gestaltung siehe in den soeben schon deshalb angeführten Paragraphen 824, 825 BGB.; wegen des Rechts auf Freiheit vgl. unten § 27.

II. Die Vermögensrechte zerfallen weiter in persönliche oder unpersönliche.[3]) Die persönlichen Vermögensrechte heißen auch Forderungsrechte oder Rechte aus Schuldverhältnissen.

1. Persönliche Vermögensrechte sind solche, deren unmittelbarer Gegenstand ein Verhalten ist, das Verhalten nämlich der durch diese

---

[1]) Nämlich als Rechte im subjektiven Sinne, als Rechte des bürgerlichen Rechtes; sedes materiae ist vielmehr durchweg das Strafrecht.

[2]) Vgl. unter §§ 25—27. Neu in der gewohnheitsrechtlichen Entwickelung begriffen ein Recht am eigenen Bilde; vgl. etwa G. Cohn, Neue Rechtsgüter, Zürcher Rektoratsrede 1902.

[3]) Man bemerke wohl, daß diese Unterscheidung bloß eine solche der Vermögensrechte ist; Familien- und Persönlichkeitsrechte lassen sich nicht nach demselben Merkmal scheiden, so oft das auch versucht wird.

Rechte verpflichteten Personen; unpersönliche Vermögensrechte sind solche, deren unmittelbarer Gegenstand ein anderes Rechtsgut ist. — Diese Begriffsbestimmung setzt einiges aus und bedarf einiger weiteren Entwickelungen.

a) Vorausgesetzt ist vor allen Dingen, daß das Verhalten einer Person für eine andere Person (den Rechtsinhaber) ein Rechtsgut sein kann.

Nur zu zeiten der Sklaverei freilich vermöchte man sich vorzustellen, daß die Person selbst Gegenstand eines Vermögensrechts wäre; wohl aber kann uns als solcher Gegenstand ein Verhalten der Person gelten. Denn dieses vermag den Bedürfnissen anderer Menschen zu dienen; und das Recht (im objektektiven Sinne) vermag anderen Menschen dafür, daß es dazu kommen wird, Sicherheit zu verschaffen.

b) Sodann bedenke man wohl den scharfen Unterschied zwischen Gegenstand eines Rechts und Rechtssubjekt. Rechtssubjekte können stets nur Menschen sein oder Menschenverbände, nur an diese kann sich der Rechtsbefehl richten, nur menschliches Verhalten zum Inhalt haben, nur vermittelt hierdurch ein Rechtsverhältnis zu Sachen schaffen. Ist nun dasjenige menschliche Verhalten, das der Rechtsbefehl vorschreibt, zugleich auch das durch den Rechtsbefehl unmittelbar zu sichernde Rechtsgut, so liegt ein persönliches Recht vor. Ist dagegen das Verhalten, welches der Rechtsbefehl vorschreibt, nur vorgeschrieben zur Sicherung irgend eines anderen Rechtsgutes, so liegt ein unpersönliches Recht vor.

c) Entfernterer Gegenstand eines persönlichen Rechts kann also z. B. auch eine Sache sein oder irgend ein anderes Rechtsgut als das Verhalten des Verpflichteten: wenn nämlich das Verhalten des Verpflichteten diese Sache oder irgend ein anderes Rechtsgut dem Berechtigten verschaffen soll. So mag man selbst, wenn man will, reden von einem mittelbaren Rechtsverhältnisse zwischen z. B. dem Käufer und der ihm vom Verkäufer zu liefernden Sache; aber dieses Verhältnis ist hier nicht nur vermittelt, wie stets ein Rechtsverhältnis zwischen Menschen und Sachen, durch einen Rechtsbefehl an Menschen, sondern außerdem auch noch dadurch, daß dieser Rechtsbefehl nicht unmittelbar diese Sache, sondern zunächst nur das Verhalten dieses Menschen zum Gegenstand hat. — Wo dagegen der (wie stets) unmittelbar an Menschen gerichtete Rechtsbefehl unmittelbar zum Gegenstande hat die Sicherung irgend eines anderen Rechtsgutes, da ist das durch diesen Befehl dem Rechtsinhaber gewährte Recht ein solches unpersönlicher Natur. Sei also z. B. dies unmittelbar zu schützende Rechtsgut eine Sache, so ist hier das Rechtsverhältnis zwischen dem Rechtsinhaber und der Sache allerdings nach wie vor ein mittelbares, insofern es nur zustande kommt durch Rechtsbefehle an Menschen; es ist aber dann doch ein unmittelbares, insofern diese Rechtsbefehle hier unmittelbar dahin gehen, dem Rechtsinhaber diese Sache zu sichern. Die hiermit als wesentlich verwertete Unterscheidung zwischen dem unmittelbaren und dem mittelbaren Gegenstande eines Rechts ist übrigens umsomehr gerechtfertigt, da Gegenstand eines Rechtes streng genommen nur das Rechtsgut ist, auf dessen Sicherung das Recht sich unmittelbar bezieht, vergl. oben § 11, 5a; mittelbar entferntere Gegenstände lassen sich dann beliebig anreihen, nicht aber zur Wesensbestimmung des Rechts verwenden.

d) Aus dem Bisherigen folgt, daß unpersönliche Rechte überwiegend[1] (absolute oder relative) Dürfrechte oder allenfalls auch Könnrechte,[2] dagegen die Forderungsrechte stets (relative) Sollrechte sind. Denn bei letzteren fällt der Nachdruck auf ihren Gegenstand, d. i. das Verhalten, das der Verpflichtete einnehmen soll. Dagegen bei den unpersönlichen Rechten fällt der Nachdruck überwiegend darauf, daß der Berechtigte gegen Störungen von seiten Dritter gesichert ist.

e) Die unmittelbaren Gegenstände unpersönlicher Rechte sind bisher erst negativ umschrieben worden. Positiv kommen als solche Rechtsgüter in Betracht: Sachen, geistige Werte (Erzeugnisse geistigen Schaffens, Immaterialgüter), und wieder Rechte. In diesem letzten Falle liegen Rechte an Rechten vor[3] (vergl. oben § 12 Nr. 1); der Rechtsinhalt ist demgemäß von dem bloßen rechtlichen Dürfen gesteigert auf rechtliches Können.

2. Diejenigen unpersönlichen Vermögensrechte, deren unmittel-

[1]) Die Ausnahmslosigkeit scheitert an den dinglichen Wertforderungsrechten, Reallast und Vorkaufsrecht, s. unten § 162, 7c u. §§ 197—199.

[2]) z. B. das Könnrecht, von dem (dinglichen) Vorkaufsrecht Gebrauch zu machen und dadurch weitere (dingliche) Wirkungen auszulösen, oder das Könnrecht des Pfandgläubigers, Eigentum an der verpfändeten Sache durch Pfandverkauf zu übertragen.

[3]) Mögen die Rechte, welche hier Gegenstand anderer Rechte werden, ihrerseits wieder unpersönliche oder persönliche sein, z. B. mag ein Pfand- oder ein Forderungsrecht abermals verpfändet sein: das Recht am Rechte ist stets ein unpersönliches Recht.

barer Gegenstand eine Sache ist, heißen dingliche oder Sachenrechte,[1]) die dadurch geschaffenen Rechtsverhältnisse zwischen dem Rechtsinhaber und der Sache heißen dingliche Rechtsverhältnisse. Sache ist jeder körperliche Gegenstand (BGB. § 90), mit Ausnahme des Menschen.

Dinglichkeit ist also weder Absolutheit noch Aufbau lediglich aus Dürfrechten, obschon dies meist zusammenfällt;[2]) sondern unmittelbare Beziehung des Rechts auf die Sache als auf seinen Gegenstand, d. h. unmittelbare Sachsicherung, also insoweit (nämlich soweit, wie rechtliche Sicherung Herrschaft gibt)[3]) unmittelbare Sachbeherrschung.

Dingliche Rechte des BGB. sind Besitz, Eigentum, Erbbaurecht, Dienstbarkeiten, Vorkaufsrecht, Reallasten und Pfandrechte verschiedener Art.

3. Unpersönliche und dingliche Rechte fallen also nicht zusammen; es gibt unpersönliche Rechte an Immaterialgütern und an anderen Rechten, doch treten diese für uns stark in den Hintergrund.

a) Die unpersönlichen Vermögensrechte an geistigen Werten liegen, wie schon mehrfach bemerkt, außerhalb unseres BGB.

b) Die Rechte an Rechten werden regelmäßig, sofern sie überhaupt besondere Behandlung finden, den Sachenrechten beigeordnet. Das Gemeinsame[4]) ist wohl darin zu finden, daß das Rechtsgut dem Rechtsinhaber nicht durch Verhalten eines anderen Menschen erst

[1]) Außer der allgem. Literatur über Recht im subjektiven und im objektiven Sinne besonders: Fuchs, Wesen der Dinglichkeit. – Oertmann, Der Dinglichkeitsbegriff, i. d. dogm. Jahrbüchern 31, 415 fg. – Namentlich aber tiefgreifend und fördernd: H. Pflüger, Über das Wesen der Dinglichkeit, im Arch. f. d. civilist. Praxis 79, 406 fg., vgl. denselben ebenda 81, 292 fg. über Reallasten. – Fuchs, Probleme des Sachenrechts, mit einem Nachwort von Eccius, in Gruchots Beiträgen, 46, 549 fg. – Schloßmann, in d. dogm. Jahrbüchern, 45, 289 fg. – Ältere Literatur bei Oertmann a. a. O.

[2]) Wegen des Auseinandergehens vgl. was oben § 14, II, 2, a u. b über relative Dürfrechte und über absolute Sollrechte vorgetragen ist, die beiderseits dinglicher Art sein mögen.

[3]) Also nicht physische, körperliche Herrschaft über die Sache (vgl. oben § 1, N. 3), sondern Sicherung in Bezug auf die Sache gegen Dritte. Das verwechseln die Meisten, welche unsere Begriffsbestimmung der Dinglichkeit bekämpfen. Eben deshalb aber auch, weil es sich um nur rechtliche Macht handelt, ist sie möglich sowohl am Körper der Sache (Genußrechte), wie am Wert der Sache (Wertrechte), vgl. unten § 162, N. 7.

[4]) Vgl. die Wendung „dominium usus fructus“ bei Julianus, l. 3 D. Si usus fructus petatur vel ad alium pertinere negetur 7,6 und ebenso im Preußischen Allg. LR. I 8 § 1; und dazu Schloßmann a. a. O. 295 fg.

vermittelt werden soll, sondern ihm durch das Recht unmittelbar gesichert wird.

c) Das Ergebnis für das Recht des Deutschen Bürgerlichen Gesetzbuches ist also allerdings, daß als der einzige scharf ausgebildete Gegensatz gegen das persönliche Vermögensrecht das dingliche Recht übrig bleibt.[1])

4. Dieser Gegensatz ist tiefgreifend und folgenschwer. Es bedarf deshalb über ihn einer weiteren Ausführung.

a) Die Sachenrechte geben (rechtliche) Herrschaft über Sachen, die Forderungsrechte über Personen. Damit hat nichts zu tun, daß mittels der Herrschaft über Personen schließlich auch Sachen dem Rechtsinhaber zugehen mögen. Übrigens ist dies durchaus nicht stets der Fall, es mag sich ebensowohl um Arbeitsleistung handeln. Wie es aber auch hiermit stehen mag, höchstens kann der entferntere Gegenstand des Forderungsrechtes eine Sache sein; das Sachenrecht geht unmittelbar auf die Sache.

b) Die Sachenrechte haben die Neigung auf längere Dauer und auf gleichmäßige Erhaltung eines die Sachbeherrschung verwirklichenden tatsächlichen Zustandes während dieser Dauer. Ihre Ausübung besteht überwiegend in stillschweigender fortwährender Inanspruchnahme des Rechtsansehens. Aber auch wenn der Berechtigte gestört wird und dadurch gegen den Störer einen Anspruch auf Wiederherstellung unter Zwangsvollstreckung erhält, so besteht das dingliche Recht neben und nach Anspruchsausübung ungemindert fort. — Dagegen die Forderungsrechte, einschließlich der Anspruchsrechte aus dinglichen Rechten, tragen ein Spannungsverhältnis in sich, das einer gewissen regelmäßig nicht allzuweit entfernten Zukunftsgestaltung zudrängt; mit Eintritt dieser Gestaltung ist jene Spannung beseitigt, damit aber auch das Forderungsrecht selbst untergegangen. Der Verpflichtete soll sich in gewisser Weise verhalten; mit dem Augenblicke, in dem er sich wirklich so verhält, wird er seiner Verpflichtung, der Rechtsinhaber seiner Berechtigung ledig; der Zweck des Forderungsrechtes ist erreicht, dieses selbst erloschen. Seine Aus-

[1]) Daher erklärt es sich auch, daß wir für die unpersönlichen Rechte keine umfassende positive Bezeichnung haben. Man könnte etwa reden von „Recht über Objekte oder Gegenstände" (Gegenstand = Objekt = Sachen + unkörperliche Objekte, mit Ausschluß menschlicher Leistung); dagegen würden dann heißen die persönlichen Rechte „Rechte über Subjekte", d. h. eben auf menschliche Leistung.

übung fällt wesentlich zusammen mit der Ausübung des in ihm liegenden Anspruchsrechts; vollständige Durchführung der Ausübung vernichtet beide, Anspruch und Forderung.

c) Weil für die Dauer bestimmt, sind die Sachenrechte viel fester geprägt als die rasch wechselnden Forderungsrechte. Das zeigt sich schon darin, daß das Recht Sachenrechte nur in bestimmter Form und in beschränkter Anzahl kennt, wie sie oben aufgezählt wurden, sodaß andere Sachenrechte unmöglich sind.[1]) Dagegen persönliche Verpflichtungen aller Art mögen die beteiligten Rechtssubjekte immer neu ersinnen und rechtsgültig übernehmen, so lange sie nur dabei gewisse, namentlich aus sittlichen oder sozialen Rücksichten gesetzlich gebotene Schranken inne halten. Anders ausgedrückt: die vom Recht geprägten Typen von Schuldverhältnissen sind exemplifizierend, dagegen die vom Recht geprägten Typen von Sachenrechten ausschließlich. — Aus demselben Grunde ferner entstehen und vergehen durchweg Forderungsrechte nach weit bequemeren Regeln als dingliche Rechte, namentlich an Grundstücken. — Nicht unpassend bezeichnet man demgemäß, wenn man das Rechtsleben als lebendigen Körper ansieht, die Sachenrechte als dessen festes Skelett, die Forderungsrechte als die bewegenden Sehnen, Bänder und Muskeln. Die Schuldverhältnisse bilden hauptsächlich das Recht des Verkehrs, die dinglichen Rechtsverhältnisse das Recht der Ruhe.

d) Der Rechtsinhaber ist für die Erfüllung seiner Forderungsrechte auf die Leistungsfähigkeit seines Schuldners angewiesen, für den Genuß seiner dinglichen Rechte dagegen nur auf seine eigene Kraft, auf die natürliche Beschaffenheit der zu beherrschenden Sache und auf das Ausbleiben widerrechtlicher Störungen. Da diese Faktoren weit zuverlässiger sind, so ergibt sich daraus die überwiegende wirtschaftliche Sicherheit der Sachenrechte. Diese liefern mir die Sache in die Hand, während die mir obligatorisch zugesagten Tauben auf dem Dache davon fliegen mögen.

e) Letzterwähnte Eigentümlichkeit wird noch gesteigert dadurch, daß die Sachenrechte durchweg absolut sind und ferner überwiegend dem Satze unterliegen: Potior tempore, potior jure — wovon bei den Forderungsrechten nicht die Rede ist. Wenn z. B. A zuerst dem O, dann dem P durch Eintragungen ins Grundbuch je eine Hypothek an

[1]) Ähnlich bei den reinpersönlichen Rechtsverhältnissen des Familienrechts, aus naheliegenden Gründen.

demselben Grundstücke einräumt, so geht die Hypothek beider allen Dritten, die des O aber wieder der des P unbedingt vor; und zwar das selbst dann, wenn A die Hypothekeinräumung dem P obligatorisch-verbindlich vor dem O versprochen haben sollte. Denn entscheidend ist der Augenblick, in dem das dingliche Recht der Hypothek entsteht, mit der Bucheintragung; das Versprechen schafft bloß ein persönliches Schuldverhältnis gegen den Versprechenden auf Verschaffung des dinglichen Rechts; das Lebensalter der Schuldverhältnisse bestimmt aber nicht deren Rang. Deshalb ist es, falls ein Schuldner zahlungsunfähig ist, regelmäßig für die Gläubiger gleichgültig, aus welcher Zeit ihre Forderungen stammen: wer heute einem noch Kreditwürdigen ohne dingliche Sicherstellung borgt, muß gewärtigen, morgen mit späteren Gläubigern des inzwischen in Konkurs geratenen Schuldners gleichmäßig den Ausfall zu tragen.

f) Deshalb ist es besonders wichtig, genau zu wissen, ob und in welchem Augenblicke ein dingliches Recht entstanden ist, oder ob bloß eine persönliche Leistungsverpflichtung vorliegt. Oder auch, wenn das dingliche Recht bereits besteht, aber auf einen andern Rechtsinhaber übertragen werden soll: ob es bereits übergegangen oder nur eine Übertragungsverpflichtung begründet ist. Man wird deshalb Tatsachen, die bloß Forderungsrechte begründen, scharf zu scheiden haben von Tatsachen mit dinglicher Wirkung. Von dinglicher Wirkung redet man zutreffender Weise, wo dingliche Rechte entstehen, umgeformt (z. B. übertragen) werden oder untergehen. — Ähnlich wichtig kann aber auch werden die Unterscheidung, ob ein Recht bereits übertragen oder nur erst eine persönliche Übertragungsverpflichtung des Rechtsinhabers begründet ist, für jedes andere Recht;[1]) nicht bloß für dingliche Rechte, sondern für jedes unpersönliche Recht; nicht bloß für unpersönliche Rechte, sondern selbst für jedes Forderungsrecht. Daher erklärt es sich, wenn selbst bei Forderungsrechten z. B. die Motive zum ersten Entwurf des BGB. gelegentlich reden von „dinglichen" Vorgängen, um den Fall vollzogener von dem bloß versprochener Übertragung zu trennen.

Eine solche Redewendung ist offenbar ungenau. Tatsächlich handelt es sich um den Erwerb eines unpersönlichen, objektiven, gegenständlichen[2]) Herrschaftsrechts über das persönliche Recht, das wir nur

[1]) Ebenso selbst außerhalb des Vermögensrechts, für Persönlichkeits- oder Familienrechte; vgl. z. B. das Verhältnis von Verlöbnis und Ehe.

[2]) Vgl. oben S. 68 Note 1 und S. 66 Note 3. — Die Bezeichnung

nicht gewohnt sind, von diesem gesondert zu denken, sondern mit ihm zusammenziehen.[1]) Analog der dinglichen Wirkung möchte man die Bezeichnung bilden: objektive, gegenständliche Wirkung.

III. Erst an dieser Stelle kann die Bedeutung des Pandektensystems klar werden, das, wie schon mehrfach berichtet, von unserm BGB. befolgt wird. Seine Einteilung ist eine solche nach dem Gegenstande der Rechte, indem nach dem allgemeinen Teile (1. Buch) Buch 2 und 3 die Vermögensrechte, geschieden in das Recht der Schuldverhältnisse und das Sachenrecht, sodann Buch 4 das Familienrecht, sowohl reines wie angewandtes, behandeln. Nur Buch 5 bricht mit diesem Einteilungsprinzip, indem es aus dem Vermögensrechte die durch den Todesfall des Rechtsinhabers sich ergebenden vermögensrechtlichen Verhältnisse absondert. Für Persönlichkeitsrechte und für unpersönliche, nicht dingliche Vermögensrechte ist kein besonderer Abschnitt gebildet.

III. Weitere Grundbegriffe.

§ 16. Juristische Tatsachen.[2]) Zwingendes Recht.

Unter juristischen Tatsachen verstehen wir solche Tatsachen, welchen das Recht für die Gestaltung des Rechtslebens irgend welche Bedeutung beilegt. Namentlich aber solche Tatsachen, an deren Eintritt das Recht die Entstehung, die Änderung oder den Untergang subjektiver Rechtsbefugnisse knüpft.

I. Es ist ein überaus seltener Fall, daß ein Gesetzessatz[3]) unmittelbar einem individuell durch diesen Satz bezeichneten Rechtssubjekte ein privates Recht verleiht oder nimmt. Kommt es vor, so nennen wir ein solches Gesetz und diesen seinen Inhalt ein Privilegium, sei es nun odiosum oder favorabile. In diesem Falle

der Wirkung als einer „absoluten" wäre ebensowenig genau, wie die Bezeichnung als dinglich; denn nicht die Wirkung gegen Dritte ist das Entscheidende, sondern die Wirkung in Bezug auf den Rechtsinhaber.

[1]) Dominium obligationis? Vgl. oben S. 67 Note 4, namentlich aber oben über Könn-Rechte als Recht an Rechten, die in jedem übertragbaren Recht mitenthalten sind, S. 54. S. aber namentlich auch die Ideen bei E. J. Bekker, Über die Objekte und die Kraft der Schuldverhältnisse, S. 10.

[2]) S. die Literatur-Note zu Kapitel 4.

[3]) An einen Satz des Gewohnheitsrechts ist für diesen Fall erst recht nicht zu denken.

entsteht die Rechtsbefugnis des Privilegierten oder geht sie unter, ohne daß es irgend einer weiteren juristischen Tatsache bedarf als des Erlasses jenes Gesetzes; hier wäre eigentlich angezeigt, von Entstehung oder Untergang ipso jure zu reden. Beispiel: einem nicht wirtschaftlichen Verein oder einer Religionsgesellschaft wird von einem deutschen Territorium die Rechtsfähigkeit durch Landesgesetz verliehen.

II. Dagegen regelmäßig verfährt das bürgerliche Recht ganz anders. Es bestimmt, daß gewisse Rechtsfolgen, namentlich auf dem Gebiete der subjektiven Befugnisse, eintreten sollen, so oft gewisse einzelne Tatsachen oder Gruppen von Tatsachen eingetreten sind, zu Gunsten der durch diese Tatsachen jedesmal erst näher zu bestimmenden Rechtssubjekte. Dann sind eben diese Tatsachen „juristische Tatsachen" im Sinne des bürgerlichen Rechts.

Diese Tatsachen können höchst verschieden sein. Bald knüpft das Recht eine Wirkung an das Vorliegen eines einfachsten Geschehnisses, bald erst an die Verbindung zahlreicher Einzelheiten. Letzterenfalles fassen wir alle juristischen Tatsachen zusammen, soweit sie zum Eintritt der Rechtswirkung notwendig sind, als juristischen Tatbestand. Unter den Elementen, welche so vereinzelt oder verbunden rechtswirksam werden, mag man etwa unterscheiden:

1. Rein äußere Tatsachen, Naturereignisse aller Art, von den selbstverständlich fortwährend eintretenden, z. B. dem Zeitablauf, bis zu den Ausnahmefällen, man denke z. B. an Zerstörung einer Sache oder sonst an einen Unglücksfall, der rein durch das Spiel der Naturkräfte herbeigeführt wird. Da das Recht nicht weltfremde Ideale verfolgt, sondern Wirklichkeitsordnung ist, so muß es solchen, wennschon noch so brutal eingreifenden tatsächlichen Ereignissen auch juristische Bedeutung beilegen, und zwar vorwiegend in derselben Richtung, in der sie sich natürlich bewegen,[1]) obschon das vielfach nicht gerne zugegeben wird.

2. Nur innere Tatsachen, als das Fühlen, Wissen, Wollen eines Menschen ohne jede Äußerung. Es leuchtet ein, daß hier eher moralische, als juristische Tatsachen vorliegen, deren Ungreifbarkeit sie juristischer Anwendung gewiß nicht empfiehlt. Das muß namentlich gelten von Tatsachen des Gefühlslebens; dagegen Rücksicht auf das, wennschon bloß innerliche Wissen eines Menschen um irgend

---

[1]) Casum sentit dominus.

einen anderen Umstand kann auch das Recht häufig nicht umhin zu nehmen, und so treten dann auch derartige Tatsachen als juristische auf.

3. Gemischt der Innen- und der Außenwelt gehört an eine Tatsache menschlichen Innenlebens, sofern sie nach außen hervortritt, „geäußert" wird, durch Rede oder durch sonstige menschliche Handlung. Eine jede solche Handlung von rechtlicher Bedeutung (als juristische Tatsache) heißt Rechtshandlung. Der Hauptunterschied der Rechtshandlungen ist folgender:

a) Sie mögen ihre Rechtsbedeutung haben gerade deshalb, weil sie widerrechtliche, meist bewußt rechtswidrige (sog. „unerlaubte") Handlungen sind. Denn dann pflegt ihnen ein Anspruch des Verletzten gegen den unerlaubt Handelnden auf Schadensersatz zu entspringen.

b) Sie mögen sein bloße Meinungsäußerungen, Mitteilungen, oder auch bloßer Eingriff in tatsächliche Verhältnisse, welchen das Recht Rechtswirkung beilegt.

c) Namentlich aber mögen sie ihre Rechtsbedeutung gewinnen eben deshalb, weil der Wille des Handelnden auf Rechtswirkung gerichtet ist. Diesem Willen dann, soweit ohne Unbilligkeit möglich, rechtliche Billigung und Verwirklichung zuteil werden zu lassen — d. h. seine Äußerung zur juristischen Tatsache zu machen — entspricht nämlich offenbar dem Wesen des bürgerlichen Rechts durchaus. Willensäußerungen sind also die Hauptrolle im bürgerlichen Rechte als juristische Tatsachen zu spielen berufen, so daß ihnen eine einzig hervorragende Bedeutung zukommt.

Es sei deshalb schon hier auf folgende Punkte hingewiesen:

aa) Willensäußerung ist jedes, bewußter- oder unbewußtermaßen eingenommene menschliche Verhalten, welches Dritten den Rückschluß gestattet, daß der so sich Verhaltende etwas will. Solche **bloße** Willensäußerung pflegt rechtlich bedeutungslos zu sein. Regelmäßig rechtsbedeutsame Willenserklärung ist ein solches Verhalten erst dann, wenn es **bewußtermaßen** diesen Willen als einen irgendwie und irgendwem erkennbaren bekundet.[1][2] Doch bedarf der Begriff noch

---

[1] Z. B. also Willensäußerung das Selbstgespräch dessen, der sich für unbelauscht hält, oder die im Fieber getane, unwillkürliche Äußerung über einen selbst ernsthaft vorhandenen Willen; Willenserklärung ist dies nicht. Dagegen Willenserklärung auch die stillschweigende, von der der Erklärende sich bewußt ist, daß sie irgendwie zu jemandes Kenntnis kommen und daß man dann sie verstehen wird.

[2] Enger faßt den Begriff **Hellmann**, i. d. dogmat. Jahrbüch. 42, 413 fg.;

weit sorgfältigerer Festlegung; vgl. über ihn unten § 47. Ein ihm sehr nahestehender, dort erst genauer von ihm zu sondernder ist der Begriff des Rechtsgeschäfts.

bb) Die Willensäußerung oder -Erklärung mag ausgehen von seiten jemandes, der Rechte erwerben oder von seiten jemandes, der solche gegen sich begründen oder aufgeben will. Liegen übereinstimmende Erklärungen von beiden Seiten vor, so redet man von einem Vertrage. Dabei mag wieder die Belastung ausschließlich auf der einen, der Vorteil ausschließlich auf der anderen Seite liegen (z. B. Schenkungs-Vertrag), sog. einseitiger Vertrag; oder es mögen Vor- und Nachteile beiden Seiten in wechseitigem Austausche zugewandt und auferlegt werden, so daß ein zusammengesetztes Rechtsverhältnis entsteht, sog. gegenseitiger Vertrag, s. weiteres unten § 61.

cc) Die Willensäußerung mag aber endlich auch ausgehen von seiten eines bei ihrem Erfolge unbeteiligten Dritten, der irgendwie in die Angelegenheit rechtlich hineingezogen ist. Auch diese Äußerung ist alsdann juristische Tatsache.

4. Von allen bisher hervorgehobenen juristischen Tatsachen ist endlich noch zu sondern der Fall, in welchem eine öffentliche Behörde in ihrem öffentlich-rechtlichen Geschäftskreise auf Privatrechtsverhältnisse durch Beschlüsse, Verfügungen, Entscheidungen, Urteile oder sonstwie einzuwirken berufen ist, mag es sich nun um freiwillige oder streitige Gerichtsbarkeit, um gerichtliche oder um andere (z. B. Verwaltungs-, Polizei-) Behörden handeln. Zwar ist das, was hier wirksam ist, ja auch menschliche Willensäußerung, aber so wesentlich anders geartet, daß diese Rubrik mit der vorhergehenden zusammenzuziehen nur irreführend wirken könnte. Man bemerke also nachträglich, daß zu den unter der vorigen Nummer (unter 3) besprochenen menschlichen Handlungen nur solche von Privatpersonen[1]) gehören; und man bemerke ebenso vorweg, daß im folgenden selbstverständlich

dagegen mit Recht Isay, ebenda. 44, 43 fg. S. auch Binder, Rechtsstellung des Erben, S. 86 fg.

[1]) D. h. selbstverständlich auch von Beamten, welche außerhalb ihrer Beamteneigenschaft tätig werden. Der Tätigkeit von Privatpersonen steht aber ferner auch gleich die von Beamten und Behörden als solchen, soweit sie erfolgt in Ausübung einer amtlich ihnen obliegenden privatrechtlichen Verwaltung, z. B. des Staatsvermögens, im Namen des sog. „Fiskus", der gleich einer Privatperson im Vermögensverkehre steht; vgl. unter § 28 II 1.

stets von Handlungen, Willensäußerungen, Rechtsgeschäften nur in diesem Sinne die Rede sein soll, wo nicht ausdrücklich das Gegenteil hervorgehoben ist.

5. Rechtshandlungen Privater und Rechtshandlungen öffentlicher Behörden treten einander nahe, wenn man sie in Gegensatz stellt gegen solche Fälle, in welchen eine Rechtswirkung eintritt, ohne daß es irgend welchen Willens im juristischen Tatbestande bedürfte. Da übersieht man leicht die sonstigen Bestandteile des juristischen Tatbestandes und sagt, die Rechtswirkung trete unmittelbar von Rechtswegen [1]) ein. Das rührt daher, daß man sich so sehr gewöhnt hat, auf den Willen als Hauptbestandteil des juristischen Tatbestandes zu sehen,[2]) daß dann mangels eines solchen Willens alles zu mangeln scheint. Dabei denkt man wohl meist zunächst an den Partei-Willen; doch tritt daneben behördliche Willenstätigkeit; und so entsteht die Dreiteilung: Rechtswirkung durch Rechtsgeschäft — durch Richterspruch — durch Gesetz. Richtiger wäre zu unterscheiden Rechtswirkung durch Tatbestände, welche einen Parteiwillen[3]) enthalten; — durch Tatbestände, welche an Willenselementen bloß einen behördlichen Willen[4]) enthalten — und durch andere Tatbestände.

III. Erst nunmehr kann klargelegt werden, was unter „zwingendem Recht" oder Normativ-Vorschriften einerseits, dispositivem Recht und Auslegungs-Regeln andererseits verstanden wird;[5]) obschon dieser Gegensatz selbst kein solcher des Rechts im subjektiven Sinne, sondern des Rechts im objektiven Sinne ist. Doch setzt er Kenntnis des Begriffs vom juristischen Tatbestand und von der Bedeutung der Partei-Willenserklärung voraus.

1. Zwingendes Recht bedeutet hier weder zur Ausübung nötigendes Recht, noch absolut zwingendes, aufnötigendes Recht (oben S. 47 Anm. 2 u. 3); diese beiden Begriffe sind dem bürgerlichen Rechte gerade fremd, Verwechslungsgefahr daher ausgeschlossen.

---

[1]) E lege, wohl auch ipso jure; vgl. jedoch oben S. 72 u. S. 60.

[2]) Diese Überschätzung des Willens rührt her aus einer Zeit, wo man den Privatwillen als geradezu rechtsschöpferisch ansah. Damit haben wir heute gründlich aufgeräumt; niemand verkennt mehr, daß der Privatwille alle rechtliche Bedeutung und Macht nur dem hinter ihm stehenden Rechtswillen entnimmt, genau so wie jede andere juristische Tatsache.

[3]) Mit oder ohne Hinzutritt behördlichen Willens, z. B. letzteres im Vormundschaftsrechte od. dgl. Fällen.

[4]) Oder auch bloß den Willen unbeteiligter Dritter.

[5]) Ehrlich, Das zwingende und nichtzwingende Recht im BGB.

2. Zwingendes Recht bedeutet vielmehr solches, welchem der Privatwille sich fügen muß, wenn er sich überhaupt auf dem Gebiete des Rechtslebens betätigen will. Zu solcher Betätigung ist er nicht gezwungen; er mag sich ihrer enthalten; soweit er sich aber betätigt, muß er den Sätzen des zwingenden Rechts, den Normativ-Vorschriften sich fügen. — Die Normativ-Vorschriften sind wieder doppelter Art:

a) Sie regeln den juristischen Tatbestand, wie er, namentlich noch neben der Willenserklärung, vorliegen muß, damit eine Rechtswirkung eintrete. Z. B. sie verlangen noch eine Formalität; oder daß der übrigens beliebig frei gebildete Inhalt der Willenserklärung (bei Schuldverhältnissen) nicht rechts- noch sittenwidrig sei; oder daß der Inhalt der Willenserklärung sich auf bestimmte, ein für alle Male geprägte Rechtstypen beziehe (Eigentum, Ehe od. dgl., bei Verhältnissen des Sachen- und Familienrechtes); oder daß zwei Willenserklärungen zusammen kommen (Vertrag); oder daß sonst noch Tatsachen (Zeitablauf, Zustimmung der Behörden, Eintragung ins Grundbuch) hinzukommen. Alle diese Vorschriften sind, soll es zu einer Rechtswirkung kommen, zwingend. Man empfindet sie meist als Schranken der Willkür, tatsächlich aber sind es dieselben Regeln, welche innerhalb dieser Schranken dem Privatwillen Wirksamkeit erst beilegen.

b) Sodann aber auch gibt es Regeln des zwingenden Rechts, welche die infolge des juristischen Tatbestandes eintretende Rechtswirkung regeln. Zwar richtet sich diese Wirkung durchgängig nach dem rechtsgeschäftlich erklärten Willen, wenigstens soweit dieser klar erkennbar vorliegt. Aber bisweilen greift doch auch hier zwingendes Recht ein, das, falls überhaupt Rechtswirkung eintritt, die von ihm befohlene Art der Rechtswirkung selbst gegen den Parteiwillen durchsetzt. Wer diese zwingenden oder normativen Folgen eines juristischen Tatbestandes nicht will, mag sich hüten, den Tatbestand zu setzen; vermeiden kann er es nicht, daß, wenn er überhaupt ein Rechtsgeschäft abschließt, dasselbe nach Treu und Glauben beurteilt, für Arglist aber gehaftet wird; oder daß, wenn er eine Willenserklärung abgibt, ohne erkennbar zu machen, daß er sie in fremdem Namen abgeben will, er so behandelt wird, als hätte er sie in eigenem Namen abgegeben, § 164 Abs. 2; oder daß, wenn er eine Ehe schließt, dieselbe ihn auf Lebenszeit zu ehelicher Lebensgemeinschaft verpflichtet, selbst wenn sich beide Ehegatten bei Eheabschluß auf Einschränkung dieser Wirkung geeinigt haben sollten.

3. Dagegen die Dispositivnormen sind solche, welche es zur Bedingung ihrer Wirksamkeit machen, daß kein entgegenstehender Parteiwille (unter Beobachtung der zutreffenden Normativvoraussetzungen) erklärt sei. Auch sie gelten nicht etwa, weil Parteien es gewollt („stillschweigend" gewollt) hätten,[1]) sondern sie gelten ohne gewollt zu sein, wenn sie nur nicht nichtgewollt sind. Auch für sie kann man weiter unterscheiden:

a) Dispositivvoraussetzungen, welche für die Wirksamkeit des Parteiwillens gelten, falls dieser sich nicht selbst andere Normen gibt, z. B. die im allgemeinen bestehende Vorschrift formloser Begründbarkeit der Forderungsrechte, während Parteiverabredung Formalität einführen kann; und

b) Dispositivfolgen in unendlich reicherer Anzahl, besonders bestimmt, solche Fälle zu regeln, welche in der Parteiwillenserklärung übersehen oder sonst offen gelassen sind. Bei den unendlich zahlreichen Möglichkeiten von Verwicklungen in unserem Rechtsleben vermag kaum je ein seinen Willen Erklärender alles vorhersehend zu ordnen, was sich daraus unter Umständen ergeben könnte; deshalb wird eine freie und reiche rechtsgeschäftliche Tätigkeit eigentlich erst möglich durch diese Dispositivnormen, welche für alle möglichen Fälle und Arten von Rechtsgeschäften ergänzend durch das Recht bereitgestellt sind, um die Folgen unvorhergesehener Wendungen so zu regeln, wie, nach dem Ermessen des Gesetzgebers, ein rechtlicher, besonnener, seinen Vorteil in den erlaubten Grenzen wohl wahrender Mensch sie in derartiger Lebenslage selbst geregelt zu haben wünschen müßte.

4. Begrifflich muß man von den Dispositivnormen wiederum scheiden Auslegungsnormen; erstere als eingreifend, wo die Parteien nichts gewollt haben; letztere als eingreifend, wo die Parteien etwas gewollt haben, wo es aber trotz aller Auslegungskünste zweifelhaft bleibt, was oder welche von mehreren Möglichkeiten sie gewollt haben. — Mangels Parteiverfügung gilt die Dispositivnorm; „im Zweifel" über die Parteiverfügung gilt die Auslegungsnorm. Praktisch macht dies aber kaum[2]) einen Unterschied aus, wie denn auch beide Arten von

[1]) Obschon dies natürlich sehr häufig zutreffen wird, namentlich bei Willenserklärungen, die von Rechtskundigen im Hinblick auf die Dispositivnormen der Gesetze und unter absichtlicher Ausnutzung derselben abgegeben werden.

[2]) S. etwa wegen der Verschiedenheit für die Beweisfrage Planck, Kommentar, 1, 23; aber selbst dies von problematischer Wirksamkeit.

Regeln schwer voneinander zu sondern sind. Man beobachte dies etwa an dem Beispiele des berühmten § 157: „Verträge sind so auszulegen, wie Treu und Glauben mit Rücksicht auf die Verkehrssitte es erfordern". Dieser Paragraph enthält zwingendes, dispositives und auslegendes Recht:

a) Er ist zwingenden Rechtes, soweit er sich auf Treue und Glauben beruft, vgl. oben S. 76.

b) Er ist auslegenden Rechtes, seinem nächsten Wortlaute nach, soweit er sich auf die Verkehrssitte beruft. Wo der Vertrag mehrere Auslegungen des Gewollten zuläßt, ist die der Verkehrssitte entsprechende als gewollt anzunehmen.

c) Er muß aber auch so ausgelegt werden, daß er dispositiven Rechtes ist, so weit nämlich er sich auf die Verkehrssitte beruft und soweit im Vertrage eine Lücke ist, soweit die Parteien an gewisse Möglichkeiten gar nicht gedacht haben. Die Verkehrssitte ist nicht bloß Mittel zur Beseitigung von Zweifeln über den Vertragsinhalt, sondern auch Mittel zur Ausfüllung von Vertragslücken. Beides läßt sich eben praktisch garnicht voneinander sondern.

§ 17. Entstehung oder Änderung von Rechten.

1. Behandelt wurde die Frage, wie Rechte durch juristische Tatsachen hervorgebracht, geändert und wieder beseitigt werden. Daran knüpft sich die weitere Frage, wann denn ein wirklich neues Recht hervorgebracht wird, wann bloß eine Änderung. Wo es sich nicht um zweifellos ganz neue Rechtsbildungen handelt, für die gar kein bestehendes Recht als Anknüpfungspunkt gegeben ist,[1] da stehen beide Arten der Behandlung dem Rechte zur Verfügung: Es mag bestimmen, daß alle Rechtsbeziehungen, soweit sie noch gelten sollen, neu entstehen müssen, dann nennen wir das Recht selbst ein neues. Oder das Recht (im objektiven Sinne) mag bestimmen, daß alle Rechtsbeziehungen, soweit sie nicht eben geändert worden sind, fortbestehen, dann reden wir von bloßer Rechtsänderung. Allgemeine Regeln darüber, wenn das eine oder das andere eintritt, sind nicht aufzustellen.

---

[1] Z. B. A findet am Strande eine bisher herrenlose Muschel und erwirbt Eigentum an ihr. — A, der bisher niemandem Arbeitsleistungen schuldete, verdingt sich zu solchen dem B, der bisher solche von keiner Seite zu fordern hatte. — A und B ehelichen einander.

2. Für diese Frage, ob neues Recht, ob bloße Rechtsänderung, pflegt man sich einer anderen Ausdrucksweise zu bedienen, wenn die Neuerung besteht in einem Wechsel der beteiligten Rechtssubjekte. Man redet dann nämlich von Rechtsnachfolge, die man in dem einem Falle leugnet und in dem anderen bejaht.

Rechtsnachfolge ist derjenige Eintritt eines neuen Subjektes in ein bestehendes Rechtsverhältnis, bei welchem im übrigen dieses Rechtsverhältnis als das alte fortdauert: das heißt, bei welchem es in allen Punkten, für welche nicht nach besonderer Rechtsvorschrift dieser Subjektwechsel von Bedeutung ist, den bisher bestehenden Rechtsbeziehungen weiter unterliegt, so daß also das neue Rechtssubjekt in diese älteren Rechtsbeziehungen eintritt.

Wo dagegen bei Wechsel des Subjekts keine Rechtsnachfolge zustande kommt, da ist das alte Recht zu Grunde gegangen und ein neues entstanden.[1])

Keine Rechtsnachfolge ist denkbar bei Familienrechten; ebensowenig bei anderen Rechten aller Art, die mit jenen die Eigenschaft teilen, höchst persönliche Rechte zu sein.[2])

3. Bei der Rechtsnachfolge ist zu scheiden aktive und passive, je nachdem es sich handelt um Eintritt in Rechte oder in Pflichten des Vorgängers. Das Recht kann übrigens das alte bleiben, obschon es aktiv und passiv Subjekt wechselt.

Die aktive Rechtsnachfolge, bei welcher der Rechtsnachfolger in das Recht seines Vormannes eintritt, nennt man wohl auch derivativen Rechtserwerb, indem der Nachfolger hier in die Lage seines Vormannes deshalb einzutreten pflegt, weil er von diesem, mittels Rechtsgeschäft, sein Recht ableitet. Notwendig ist dies jedoch nicht, der Eintritt eines neuen Rechtsinhabers in das alte Recht kann sich auch ohne Vermittlung des bisherigen Rechtsinhabers (durch den Willen Dritter oder e lege), vollziehen.[3]) Derivativer Rechtserwerb ist also, gegen den ursprünglichen Wortsinn, ein jeder Rechtserwerb, bei dem ein bisher schon bestehendes Recht unverändert, außer soweit das Recht für besondere Einzelheiten Veränderungen

[1]) So ist z. B. neu das Eigentum des Ersitzers gegenüber dem des früheren Eigentümers; neu das Recht des Nacherben gegenüber dem des Vorerben, wenn auch nicht gegenüber dem Erblasser.

[2]) S. darüber im einzelnen unten § 46.

[3]) Z. B. bei Erwerb eines Rechtes durch Überweisung im Wege der Zwangsvollstreckung.

besonders vorschreibt, auf einen neuen Rechtsinhaber übergeht, komme es dazu wie auch immer.

Ist der Rechtserwerb kein derivativer, so nennen wir ihn einen originären. Erwirbt ein Rechtssubjekt ein Recht, das ihm bisher nicht zustand, so ist also dieser sein Erwerb ein originärer, wenn das Recht bei ihm neu entsteht,[1]) ein derivativer, wenn ein schon bestehendes Recht auf ihn übergeht.

4. Bei dem derivativen Rechtserwerb scheiden wir wieder translativen oder konstitutiven. Translation, eigentlich Rechtsnachfolge im engeren Sinne, ist es, wenn das Recht in derselben rechtlichen Prägung, welche es beim Rechtsvorgänger schon hatte, auf den Nachfolger übergeht (z. B. das Eigentum des A auf den B). Konstitutiv ist dagegen die Rechtsnachfolge dann, wenn das Recht als solches, individuell, bei dem Rechtsvorgänger noch nicht bestand, sondern in einem umfassenderen Rechte des Vorgängers enthalten war, aus dem es jetzt erst als Sonderrecht, behufs Übertragung auf den neuen Rechtsinhaber, ausgeschieden wird (z. B. der Eigentümer A gewährt dem B eine bisher nicht bestehende Grunddienstbarkeit an seinem Grundstück, der Gläubiger A dem B ein bisher nicht bestehendes Pfandrecht an seiner Forderung). — Das Recht ist hier formell ein neu entstehendes, materiell aber ein von dem bisherigen Berechtigten auf einen neuen Berechtigten übergehendes.

5. Bei der Rechtsnachfolge (aktiver wie passiver) unterscheidet man ferner Einzel- und Gesamtrechtsnachfolge, Singular- und Universalsukzession. Von letzterer redet man dann, wenn mehrere Rechte zusammen nach anderen Regeln (in Bezug auf Form der Übertragung und in Bezug auf Wirkung) übergehen, als jedes von ihnen einzeln übergehen würde.[2]) Wenn dagegen mehrere Rechte, obschon gleichzeitig und vielleicht äußerlich durch einen und denselben Geschäftsabschluß, aber ein jedes nach den für es besonders bestehenden Rechtsregeln, Hand wechseln, so liegt bloß Einzelnachfolge vor.

---

[1]) Mag auch ein Recht gleicher Art an demselben Gegenstande vorher schon bestanden haben und jetzt, bei seinem bisherigen Inhaber, untergehen; so z. B. bei der Eigentumsersitzung.

[2]) Überhaupt spricht man von Rechtsgesamtheiten dann, wenn für mehrere Gegenstände zusammen das Recht andere Regeln schafft, als für jeden einzelnen darunter; mögen diese Gegenstände nun Sachen sein oder Rechte oder beides. Sind solche Rechtsgesamtheiten als Vermögensteile zu betrachten, so heißen sie Sondervermögen, wohl auch Sondergut.

Hauptfall der Universalsukzession in ein Gesamtvermögen ist der Erbfall. Dabei entsteht neu das Erbrecht des Erben; aber er erwirbt alle Rechte und Pflichten des Verstorbenen als Gesamtheit im Wege der Gesamtnachfolge:[1] vgl. unten § 266.

Das Bisherige ermöglicht uns einen weiteren Schritt zur Individualisierung der Rechte, über das Individualisierungsmoment ihres Gegenstandes (vgl. oben § 11, 5a) hinaus. Dazu erweist sich nämlich nunmehr als dienlich:

a) Bei den der Rechtsnachfolge nicht fähigen, höchst persönlichen Rechten die Persönlichkeit der beteiligten Rechtssubjekte; zusammen mit dem Rechtsgegenstande ist dadurch das Recht selbst genau festgelegt: z. B. das eheliche Rechtsverhältnis zwischen dem A und der B;

b) dagegen bei den der Rechtsnachfolge fähigen Rechten kann offenbar die Person des jeweiligen Rechtssubjektes gerade solchen Zwecken nicht dienen. Ist doch eben das Eigentum des B individuell dasselbe Recht wie das seines Rechtsvorgängers A an derselben Sache. Anders, wenn B nicht der Rechtsnachfolger des A ist. Hier wird also das Recht individualisiert außer durch seinen Gegenstand durch seine Entstehung, d. h. durch die einzelnen, geschichtlich gegebenen juristischen Tatsachen, welchen es seine ursprüngliche Entstehung verdankt.

§ 18. Untergang oder Hemmung von Rechten. — Einrede.[2])

1. Ein Recht geht unter, wenn die in ihm liegenden Rechtsbefugnisse infolge des Eintritts irgend welcher juristischer Tatsachen dem bisherigen Rechtsinhaber entzogen werden, ohne dabei auf einen neuen Rechtsinhaber überzugehen. — Von diesem Falle muß geschieden werden derjenige, daß die Rechtsbefugnisse, bei dem bisherigen Rechtsinhaber oder bei seinem Rechtsnachfolger, bestehen bleiben, aber von

[1]) Daher sehr fein der römische Ausdruck nicht successio in universitatem, sondern per universitatem (in singula jura defuncti nämlich).

[2]) Bekker, Pandekten 1, § 28, 2, § 108. — Thon, Rechtsverfolgende Einrede, in Festgaben für Schmidt. — Heymann, Vorschützen der Verjährung, zugleich ein Beitrag z. L. v. d. exceptio und Einrede. — Friedenthal, Einwendung und Einrede, in Fischers Abhandlungen, 1, 5. — Hölder, Über Ansprüche und Einreden, im Archiv f. d. civilist. Praxis 93, 1 fg. — Älteres Recht: Eisele, Materielle Grundlage der exceptio. — Lenel, Ursprung und Wirkung der Exceptionen. — Keller-Wach, Röm. Civilprozeß, § 34.

diesem Rechtsinhaber nicht ausgeübt werden können. Wir sagen dann, das Recht sei gehemmt.

a) Daß dieser Unterschied ein praktischer ist, liegt nahe, falls die Hemmung bloß eine zeitweilige[1]) ist. Das untergegangene Recht ist ein für alle Male wirkungslos und wertlos; das bloß zeitweilig gehemmte wird nach Wegfall der Hemmung wieder wirksam werden und bewahrt deshalb auch zwischenzeitig seinen wirtschaftlichen und Rechtswert.

b) Ebenso, wennschon in schwächerem Grade, falls die Hemmung eine dauernde ist, d. h. eine der Dauer des gehemmten Rechts gleichwährende, dies aber doch nur in dem Sinne, daß diese Hemmungsdauer sich nicht mit absoluter Bestimmtheit, sondern nur als die normale vorhersehen läßt. Anomale Verhältnisse, z. B. Nachlässigkeit oder Verzicht von seiten desjenigen, dem die Hemmung zu gute kommt, mögen die Hemmung ihrerseits wieder beseitigen; und darum kann doch diese Hemmung eine „dauernde" heißen, im Gegensatze zu solchen Hemmungsvorrichtungen, welche das Recht von vornherein nur für kürzere Zeit bestimmt hat. Solange aber irgendwie die Möglichkeit besteht, daß die Hemmungsvorrichtung irgend einmal versage, während das zu hemmende Recht noch wirkungsfähig ist, so lange bleibt es wichtig, an dem Unterschiede zwischen Rechtsvernichtung und Rechtshemmung festzuhalten.

c) Wenn freilich jede derartige Aussicht ausgeschlossen ist, so entspricht jenem Unterschiede, wollte man ihn selbst in der Sprache und in der Vorstellung festhalten, keinerlei sachlicher Inhalt mehr. Tatsächlich ist keine Rechtssicherung mehr vorhanden.

2. Besondere Bedeutung gewinnen diese Verhältnisse, wenn zum juristischen Tatbestande der Rechtsvernichtung oder Hemmung eine Willenserklärung gehört.

a) Diese Willenserklärung mag auszugehen haben von einer Behörde, z. B. der Richter ermäßigt auf Anrufen des Verpflichteten eine Vertragsstrafe § 343: teilweise Rechtsvernichtung. Oder man nehme an, ein Reichsgesetz lege in Zeiten schwerer Not einer Behörde die Befugnis bei, einzelnen Schuldnern nach Prüfung der Sachlage Zahlungsausstand (sog. Moratorium) zu gewähren; zeitweilige Rechtshemmung.

---

[1]) Vollständig oder teilweise. Bei teilweiser Hemmung gilt für den Teil, was bei vollständiger für das Ganze.

b) Oder es mag der Berechtigte selbst sein, der die Schuld erläßt, d. h. sein Forderungsrecht vernichtet, oder der die Schuld stundet, d. h. sein Forderungsrecht hemmt.

c) Oder endlich aber die Rechtsmacht, ein Recht zu hemmen oder zu vernichten, mag durch die Rechtsordnung gelegt sein in den Willen des durch dieses Recht Verpflichteten selbst. Dann hat er gegen ersteres Recht ein Gegenrecht und zwar ein Könnrecht, da ja die Rechtsausübung lediglich Gültigkeit oder Wirksamkeit anderer Rechte betrifft.[1] Es wird dann also Sache des Gegenberechtigten sein, ob er das vernichtbare oder hemmbare Recht wirklich vernichten oder hemmen will, oder nicht. Er mag darauf ausdrücklich oder stillschweigend, rechtsverbindlich oder tatsächlich (durch Nichtausübung) verzichten; er mag es vernachlässigen: so lange er sein Gegenrecht nicht ausgeübt hat,[2] besteht das andere Recht unvernichtet und ungehemmt fort, so daß es z. B. auf Grund desselben zu einer Verurteilung des Gegenberechtigten kommen kann. So mag ihm schließlich, selbst wenn er nicht darauf verzichten wollte, die Rechtskraft des Urteils jede Benutzbarkeit seines Gegenrechtes rauben.

3. Gegenrechte auf Vernichtung eines Rechts sind vielfach in unserem bürgerlichen Rechte gegeben. Man unterscheidet sie wieder, je nachdem sie dies Recht so vernichten, als hätte es nie bestanden, mit sog. rückwirkender Kraft, oder erst mit Wirksamkeit von dem Augenblick ab, in dem es zu ihrer Ausübung gekommen ist, e tunc oder e nunc, wie man auch wohl zu sagen pflegt. Klassisches Beispiel eines Gegenrechts auf Vernichtung ex tunc ist die Anfechtung, eines solchen ex nunc der Rücktritt. — Außerdem ist zu scheiden:

a) die Wirkung, welche eintritt bei Ausübung des Gegenrechts, d. i. die Vernichtung des Rechts, z. B. durch Ausübung eines Aufrechnungsrechtes; und

b) die Wirkung, welche die Rechtsordnung schon, um dieser zukünftigen Möglichkeit willen, knüpft an das bloße Vorhandensein eines derartigen Gegenrechtes, z. B. an die Aufrechenbarkeit. Es pflegt sich dabei um nebensächliche, e lege eintretende Abschwächungen des aufhebbaren Rechts zu handeln.

---

[1]) Anders, wenn der Gegenberechtigte nur einen Anspruch darauf hat, daß der aus dem zu beseitigenden Rechte Berechtigte selbst zur Beseitigung dieses Rechts mit ihm zusammenwirkte, z. B. § 1169, § 1254, vgl. oben S. 59.

[2]) In der rechtlich dafür vorgeschriebenen Weise, vgl. sofort unten N. 7.

4. Gegenrechte auf Hemmung eines Rechtes sind abermals zu sondern.

a) Mag sein, daß sie das zu hemmende Recht in seiner Vollständigkeit hemmen, ohne Rücksicht darauf, ob und wieweit es sich in Anspruchsrechten oder anderswie äußert. So mögen gehemmt sein eigentliche Könnrechte oder absolute Rechte; auch über den Umfang der durch sie gewährten Anspruchsrechte hinaus. Solche Fälle kommen vor,[1]) bieten aber keinen Anlaß zu weiterer Besprechung, führen auch keinen gemeinsamen Namen.

b) Die andere Möglichkeit ist, daß das Gegenrecht auf Hemmung nur gewährt ist, soweit die Wirkung des zu hemmenden Rechts sich in Form von Anspruchsrechten äußert. Anders ausgedrückt: Das Gegenrecht richtet sich nicht so wohl gegen das zu hemmende Recht selbst, als vielmehr gegen die daraus sich ergebenden Ansprüche, oder auch nur gegen einzelne derselben.

Dann nennt man das Hemmungsrecht Einrede oder Einrederecht.[2])

5. Einrederechte sind also solche Gegenrechte auf Hemmung eines Rechts, welche diese Hemmung bewirken mittels Hemmung eines aus dem Recht sich ergebenden Anspruchs; oder kürzer: Gegenrechte auf Hemmung von Ansprüchen. Besteht der Anspruch darin, daß der Berechtigte eine Leistung von der andern Seite fordern darf, so besteht also die Einrede darin, daß der Gegenberechtigte „zur Ver-

---

[1]) z. B.: Mein Vermieter hat mir ein (ihm nicht ohnehin zustehendes) Kündigungsrecht (d. i. ein Könnrecht) abgekauft, die Kaufsumme aber noch nicht bezahlt; macht er nun Gebrauch davon, so kann ich die Kündigung einfach ablehnen, zurückweisen, wennschon nicht aus § 320, so doch wohl nach den Regeln allgemeiner Billigkeit. Von Anspruch ist hier ebensowenig die Rede bei Ausübung des Kündigungsrechtes von seiten des Vermieters, wie von eigentlicher Weigerung der Erfüllung von seiten des Mieters; sondern nur davon, ob mit Recht gekündigt oder mit Recht die Kündigung zurückgewiesen ist. — Anderes, klareres, noch gar viel weiter reichendes Beispiel: Notwehr und Notstand. Denn diese sind weiter nichts als dem in der Notlage Befindlichen (oder seinem Helfer) gewährte Hemmungsrechte, durch welche alle, auch absolute und Persönlichkeitsrechte Anderer, so weit nötig, gehemmt werden können (s. unten §§ 81 ff.).

[2]) Einrede heißt das Recht, oder seine Ausübung, oder sein Rechtsgrund; im Zweifel hier Einrede = Einrederecht. Wieder etwas anderes ist die Einrede im prozessualen Sinne, Wach, Handbuch d. Civilprozesses 1, 124; Planck, Lehrbuch des Civilprozesses 2, § 88 fg.

weigerung der Leistung berechtigt ist" — BGB. § 202 und sonst vielfach.

Welches ist nun aber der Unterschied zwischen einem solchen Einrederechte und einem Gegenrechte auf Vernichtung?

a) Der Unterschied liegt auf der Hand, falls die Wirkung des Einrederechts bloß die ist, daß das Gegenrecht, in der oben sub 1 a bezeichneten Weise, eine Zeitlang gehemmt wird, dann aber wieder wirksam wird. Man nennt eine solche Einrede, deren Wirkung von kürzerer Dauer ist als der von ihr betroffene Anspruch, eine aufschiebende, dilatorische.[1]) Dagegen eine solche, deren Wirkungsdauer derjenigen des betroffenen Rechts normalerweise gleichkommt, eine dauernde, peremptorische.

b) Der Unterschied zwischen peremptorischer Einrede und Gegenrecht auf Vernichtung kann nicht darin liegen, daß auf erstere verzichtet werden kann, daß sie ausgeübt werden muß, um zu wirken. Das hat sie gerade mit dem Gegenrecht auf Vernichtung gemeinsam, vgl. soeben 2 c. Es bleiben folgende Unterschiede:

a) Das Gegenrecht auf Vernichtung betrifft das ganze Recht, die Einrede bloß einen Anspruch. Dieser Unterschied ist praktisch, wo das Recht (also z. B. ein dingliches Recht) wesentlich mehr enthält als den einzelnen Anspruch, unpraktisch im anderen Fall (also z. B. häufig bei Forderungsrechten).

b) Die dauernde, peremptorische Einrede ist eine solche stets nur in dem oben sub 1 b, nie in dem oben sub 1 c entwickelten Sinne. Auch wenn einmal von ihr Gebrauch gemacht worden ist, so muß, sofern nicht dieser ihr Gebrauch durch besondere prozessuale Regeln zu dauernder Wirkung gelangt, jedesmal aufs neue, immer wieder von ihr Gebrauch gemacht werden, so oft der andere Teil von seinem Rechte Gebrauch macht, um dem entgegenzutreten.[2]) Dagegen

---

[1]) Gesetzliche Bezeichnung als Grund, „aus dem der Verpflichtete vorübergehend zur Verweigerung der Leistung berechtigt ist", § 202; ebenda Aufzählung solcher Einreden, z. B. der Stundung, s. unten § 71, 3, a, Note.

[2]) z. B.: A, der von B 100 zu fordern hat, verlangt diese von B außergerichtlich; B beruft sich ebenso auf die Einrede der Verjährung; A tritt zurück. Einige Zeit darauf versucht A es abermals, gerichtlich oder außergerichtlich; hat B nun zwischenzeitig die Einrede der Verjährung etwa durch vertragsmäßiges Anerkenntnis verloren, oder versäumt er jetzt auch bloß, sie wieder anzuwenden, so ist er zahlungspflichtig. Ob das anders ist, sobald einmal auf die Verjährungs-Einrede des B hin abweisendes rechtskräftiges Urteil gegen

ein einmal rechtswirksam ausgeübtes Vernichtungsrecht wirkt absolut dauernd, es läßt kein Recht des andern Teils, das noch wirken könnte, übrig. Es hätte also auch keinen Sinn, auf das einmal ausgeübte Gegenrecht der Vernichtbarkeit zu verzichten. Dagegen mag ein Verzicht auf abermalige und jemalige Wiederausübung einer einmal schon angewandten Einrede, selbst wenn diese eine sogenannte dauernde ist, seinen guten Sinn haben.

6. Trotzdem tritt offenbar, da diese zuletzt genannten Unterschiede geringwertig sind, die dauernde Einrede dem vernichtenden Gegenrechte gegen einen Anspruch sehr nahe. Dem entspricht es, daß das Recht, wie Folgen der bloßen Vernichtbarkeit, vgl. soeben oben 3, b, so auch solche der bloßen „Einredbarkeit“ kennt — wenn man ein solches, der Rechtssprache bisher ungeläufiges Wort verwenden darf. D. h. schon der Umstand, daß einem Rechte eine, namentlich dauernde, Einrede entgegensteht, übt eine Rechtswirkung aus.[1]) Wenn diese Rechtswirkung vereinzelt bis zu der Begründung eines Anspruchs auf Vernichtung des einredebehafteten Rechts reicht,[2]) so wird damit freilich insoweit die Einrede zum Vernichtungsrecht.

7. Für das Wesen aller hier besprochenen Gegenrechte einschließlich der Einrederechte ist es gleichgültig, ob sie ausgeübt werden durch rechtsgeschäftliche Erklärungen außerhalb oder gelegentlich eines Prozesses, obschon sie im Prozesse sich zuletzt bewähren müssen und geschichtlich die Bezeichnungen Anspruch und Einrede sowie die Gegenüberstellung derselben aus dem Prozesse, der römischen actio und exceptio, herrühren. Hier ist einzig berücksichtigt materielles bürgerliches Recht. Ein wesentlicher Fortschritt dieses unseres Rechts ist es aber gerade, daß es Gebrauch seiner Gegenrechte, sowohl der rechtsvernichtenden wie der rechtshemmenden, auch außerhalb des Prozesses regelmäßig, durch formlose Inanspruchnahme des Rechtsansehens, zuläßt. —

8. Eine letzte Unterscheidung bezieht sich darauf, woher das

A ergangen ist, hängt davon ab, ob man den Einwand der Rechtskraft als verzichtbar ansieht oder nicht. Jedenfalls ist aber dann doch die Dauerwirkung Folge der Rechtskraft, nicht des Einrederechts. Man denke z. B. nur noch an den Fall, daß nach dessen gerichtlicher Ausübung der Prozeß liegen geblieben wäre.

[1]) Vgl. besonders § 813 Abs. 1; Aufzählung bei Zitelmann a. a. O. S. 31.

[2]) Vgl. § 1169, § 1254 und dazu oben S. 83 Note 1.

Gegenrecht — rechtsvernichtendes oder Einrede — erwächst. Es kann nämlich sein ein selbständig, allein für sich gegebenes, das nur als solches zu dieser Verwendung besteht, z. B. das Anfechtungsrecht wegen Irrtums (rechtsvernichtend) oder die dem Bürgen zustehende Einrede der Vorausklage (rechtshemmend). — Oder aber das Gegenrecht kann sich ergeben aus einem auch in anderer Weise, z. B. auch anspruchsweise verwendbaren Recht, in näherem oder engerem Zusammenhange mit demselben, z. B. das Recht auf Aufrechnung aus der Verbindung des aufzurechnenden mit dem aufrechenbaren Anspruche (rechtsvernichtend, engere Verbindung) oder das Recht des Verkäufers, Lieferung der Ware zu verweigern, so lange er nicht bezahlt ist mit dem Anspruche auf Bezahlung (rechtshemmend, engste Verbindung) oder das Anfechtungsrecht des Betrogenen (§ 123) und die Einrede aus dem Betruge (§ 853) mit dem Schadensersatzanspruche des Betrogenen (rechtsvernichtend und rechtshemmend, lose Verbindung). — In beiden Fällen ist das Gegenrecht ein, sei es allein für sich, sei es mit anderen Rechten zusammen, durch die Rechtsordnung ausdrücklich gegebenes; nicht etwa läßt sich jedes andere Anspruchsrecht beliebig auch in dieser Form benutzen. — Hinzutritt aber ein dritter Fall, der als stillschweigend durch die ganze Richtung und durch zahlreiche Einzelbefehle unserer Rechtsordnung mitgesetzt angesehen werden muß: daß nämlich jedesmal, so oft in der Ausübung eines Anspruchsrechtes seitens des Berechtigten eine durchaus unsittliche Handlungsweise liegt; wenn sich keine besondere Rechtsbestimmung zum Schutze dagegen finden sollte; so dann doch aus dieser Unsittlichkeit selbst dem in Anspruch genommenen ein hemmendes Gegenrecht, eine Einrede auf Weigerung der Leistung erwächst, im Sinne der alten Römischen exceptio doli generalis.[1]) Daß unsere besonderen Rechtsbestimmungen zum Schutze gegen derartigen Mißbrauch eines Anspruchsrechtes[2]) so vollständig wären, um eine solche allgemeine Schutzmaßregel überflüssig erscheinen zu lassen, wird wohl vielfach behauptet, dürfte sich aber schwerlich der Vielgestaltigkeit des Lebens gegenüber als in absoluter Lückenlosigkeit zutreffend bewähren, vgl. unten § 55, II, 3, b, cc Note 2, § 149, I, 4, c Note und § 155, II, z. E., aber auch schon oben S. 84 Note 1.

[1]) Vgl. besonders Crome System 1, 186 ff. — Älteres Recht: Pernice, Labeo 2, 134 ff. — H. Krüger, Zur Lehre v. d. exceptio doli. — S. auch Windscheid-Kipp 1 § 47 Note 7.

[2]) Vgl. besonders wegen § 226 unten § 85.

§ 19. Kollision und Konkurrenz der Rechte.[1])

1. Von Kollision der Rechte redet man[2]), wenn die gemäß dem einen Rechte herbeizuführende Ordnung der äußeren Verhältnisse mit der gemäß einem andern Rechte herbeizuführenden tatsächlich nicht vereinbar ist.

a) Deshalb ist es nur scheinbar eine Kollision, wenn ein Recht selbst das andere einschränkt oder aufhält, z. B. das Pfandrecht das Eigentum oder die Einrede den Anspruch.

b) Dagegen wirkliche Kollision liegt vor, wenn das Recht unbeschränkte Durchführung mehrerer Rechte wünscht, diese Durchführung sich aber tatsächlich als unmöglich erweist, z. B. wegen Überschuldung eines Schuldners oder weil jemand dieselbe Sache zweimal verkauft hat oder weil eine Sache mit Hypotheken überlastet ist. Hier muß das Recht bestimmen, wer den notgedrungen unvermeidlichen Ausfall tragen soll: der, dessen Recht jünger ist, oder der, der später zugreift, nachdem Andere nicht Minderberechtigte befriedigt sind; oder alle Gleichberechtigten in gleichem Maße (Konkurs).

2. Umgekehrt von Konkurrenz der Rechte sprechen wir, wenn mehrere Rechte oder Ansprüche desselben Rechtssubjektes auf denselben Gegenstand und gegen dasselbe Rechtssubjekt gehen, wobei dann also diese verschiedenen Rechte als verschieden nur durch verschiedenen Tatbestand der Entstehung individualisiert sein können, vgl. oben S. 81fg. — In diesem Falle bestehen die mehreren Rechte und Ansprüche unbeschränkt und ungehemmt nebeneinander; zur gerichtlichen Durchführung wird man sich des bequemeren bedienen, ohne sich damit der Möglichkeit zu berauben, auch einen der anderen gelegentlich hinzuzunehmen. Nur falls einer dieser Ansprüche Befriedigung gefunden hat, so sind offenbar damit auch die übrigen konkurrierenden Ansprüche befriedigt, soweit sie einander vollständig decken. Was nach der einen oder andern Seite überschießt, kann selbstverständlich nachträglich noch mittels des weiter reichenden Anspruches geltend gemacht werden.

---

[1]) Hellwig, Anspruch und Klagerecht §§ 10—15.

[2]) Innerhalb desselben Rechtsgebietes. Außerdem gebraucht man denselben Ausdruck, falls man ein und dasselbe Rechtsverhältnis nach den Normen verschiedener Rechtsgebiete zu behandeln Veranlassung finden könnte und dabei zu verschiedenen Ergebnissen käme; die Normen des internationalen oder interterritorialen (interprovinzialen u. s. f.) Privatrechts, welche diese Kollision lösen, heißen deshalb wohl auch Kollisions-Normen.

IV. Überblick über die folgenden Kapitel.

§ 20.

Die folgenden Kapitel dieses Abschnittes werden nun vorzutragen haben, was sich genauer und doch allgemein gültig über die Rechte im subjektiven Sinne zusammenstellen läßt: während die Entwicklung der Lehren von den besonderen Eigentümlichkeiten eines jeden besonderen Rechts in die folgenden Bücher (2—5) gehört.

Darnach soll hier gehandelt werden:

1. Kapitel 2 von den Rechtssubjekten, als den Trägern der Rechte und der Verbindlichkeiten; dabei zugleich von einigen Persönlichkeitsrechten, welche das BGB. damit zusammenstellt. Vgl. oben § 7, III 1.

2. Kapitel 3 von den Rechtsgegenständen, nämlich von den Sachen einerseits und von den Rechten, als Gegenständen anderer Rechte, andererseits, unter Ausschluß der vom BGB. ausgeschlossenen geistigen Güter.

3. Von den juristischen Tatsachen, durch welche Rechte entstehen, geändert, aufgehoben oder gehemmt werden; soweit diese Tatbestände für alle Rechte oder wenigstens für eine größere Anzahl verschiedener Rechte gleichmäßig wiederkehren oder doch wenigstens gleichmäßig Bedeutung haben. Nämlich:

a) Kapitel 4 von den Rechtsgeschäften, als welche hauptsächlich hierher gehören.

b) Kapitel 5 von dem Gegensatze zwischen Schuld und Zufall, dabei auch von den Fällen, wo Schadensersatzpflicht ohne Schuld eintritt, allgemein gesagt von Verschulden und Vertreten.

c) Kapitel 6 von dem Zeitablauf.

4. Endlich Kapitel 7 von der Ausübung und Sicherung der Rechte, besonders im Prozesse, sog. Aktionenrecht, soweit ins materielle Recht gehörig.

FSC
www.fsc.org
MIX
Papier | Fördert
gute Waldnutzung
FSC® C083411

Kolibri 360 GmbH
Ferdinand-Jühlke-Straße 7
99095 Erfurt, Deutschland
produktsicherheit@kolibri360.de